La Mayor Lección
DE MI VIDA

Bill Bright
EDITOR

Editorial Vida
DEDICADOS A LA EXCELENCIA

EDITORIAL VIDA es un ministerio misionero internacional cuyo propósito es proporcionar los recursos para evangelizar con las buenas nuevas de Jesucristo, hacer discípulos y preparar para el ministerio al mayor número de personas en el menor tiempo posible.

ISBN 0-8297-1847-8
Categoría: Vida cristiana

Este libro fue publicado en inglés con el título
The Greatest Lesson I've Ever Learned por Here's Life Publishers

© 1991 por Bill Bright

Traducido por Luis Magín Álvarez

Edición en idioma español
© 1994 EDITORIAL VIDA
Deerfield, Florida 33442-8134

Reservados todos los derechos

Cubierta diseñada por Barbara Wood

Índice

Al lector 7
Pat Boone:
¿Qué se le puede decir a un pornógrafo judío? 9
Tony Campolo:
Personas comunes que hacen cosas
    extraordinarias 15
Charles Colson:
Mi cáncer y el evangelio de la buena salud 21
James Dobson:
Renunciando a mis expectativas y ambiciones 27
Billy Graham:
Un ejemplo de humildad 33
Jack Hayford:
El milagro de Aimee 37
Bill Hybels:
Observando nuestros indicadores 43
D. James Kennedy:
Despojándome del miedo 51
C. Everett Koop:
La soberanía de Dios es
mi mayor consuelo 59
Tim LaHaye:
La decisión que me salvó la vida 63
Bailey Marks:
Aprendiendo sobre la fe en una cama de hospital 69

4 *La mayor lección de mi vida*

Josh McDowell:
Aprendiendo a ser un siervo a través de
 una experiencia dura 75

Patrick M. Morley
El Dios que nos conviene frente
 al Dios que es 83

Lloyd J. Ogilvie:
El secreto del verdadero poder 89

Luis Palau:
Cualquier zarza puede servir 95

Adrian Rogers:
Los recuerdos del dolor 101

John F. Walvoord:
Dios es fiel 107

Bill Bright:
Cómo amar a los que nos cuesta amar 113

El resumen de todo 121

Notas 127

Deseo agradecer de manera especial y profunda a mis queridos amigos que han sido abiertos y francos al relatar sus reconfortantes y desafiantes lecciones más grandes, que hicieron posible la preparación de este extraordinario libro; a Dan Benson, de la editorial Here's Life Publishers, que me dio la idea para el libro; a mi director editorial, Don Tanner, y a su equipo: Joette Whims, Greg Kriefall y Mary Taylor, quienes coordinaron el proyecto y participaron en el proceso editorial; y a mi querida esposa Vonette, que es un constante estímulo para mi vida.

Al lector

Mientras leía *The Greatest Lesson I've Ever Learned* (La lección más grande que jamás he aprendido), un libro escrito por varias mujeres muy conocidas y editado por mi esposa Vonette, me sentí sinceramente conmovido. Sus testimonios reconfortantes, por medio de los cuales contaban sus "lecciones más grandes" en cuanto a cómo Dios se había vuelto una realidad en su vida, ministraron a mi vida profundamente.

Repentinamente se me ocurrió que debía preparar un libro parecido para los hombres. Así pues, le envié un memorándum al editor, sólo para descubrir que Dan Benson, el vicepresidente y director editorial, me había enviado un memorándum semejante que se cruzó con el mío en el correo.

Entonces invité a un buen número de amigos queridos a quienes admiro mucho y a quienes Dios está utilizando de una manera especial, a unírseme en este proyecto. Y aunque no todos pudieron participar por razones sólidas y valederas, estoy profundamente agradecido a quienes lo hicieron. Mi corazón ha cantando alabanzas a Dios una y otra vez al leer los testimonios de estos hombres cuyos relatos usted leerá en breve, y también he derramado lágrimas y reído de lo lindo.

Mientras escribía y editaba la presentación de cada uno de los autores, me encontré expresando mi amor y aprecio por cada uno de ellos con frases tales como "él tiene un lugar especial en mi corazón", o "él es un queridísimo amigo", o "es alguien a quien aprecio mucho", se me ocurrió que después de leer algunos capítulos los lectores tendrían, sin duda, buenas razones para poner en duda mi sinceridad. Por lo tanto, decidí expresar mi profundo amor y aprecio hacia, y por, cada uno de ellos en esta introducción.

Estoy seguro de que usted disfrutará y se beneficiará grandemente de la lectura de cada una de las contribuciones, como ha ocurrido conmigo; y para beneficiarse al máximo de su lectura, pídale a Dios que le ayude a responder a las lecciones que han aprendido estos hombres. Abra su corazón al gozo y al dolor que ellos han expresado con tanta generosidad.

Miles de cristianos han encontrado que la versión femenina de *La lección más grande* es un regalo ideal para toda ocasión. Si usted no ha descubierto este libro, quizá quiera compartirlo, juntamente con éste, con sus amigos y conocidos.

Este libro que usted tiene en sus manos puede ser una herramienta para compartir testimonios gratos y significativos con quienes estén necesitados de estímulo. *La lección más grande* puede ser un testimonio poderoso para los hombres a quienes conoce, logrando acercarlos más a nuestro Salvador.

Pat Boone

¿Qué se le puede decir a un pornógrafo judío?

Pat Boone ha estado en el mundo del espectáculo desde sus años de adolescente en Tennessee, cuando ganó un espacio en la *Ted Mack Amateur Hour* (Hora de aficionados de Ted Mack). Desde entonces, ha vendido más de cuarenta y cinco millones de discos.

Pero Pat no es sólo un exitoso cantante sino además autor de libros y actor de cine y televisión.

Durante años he observado de cerca a Pat y sé que es un verdadero embajador de nuestro Salvador, habiendo apoyado muchas causas maravillosas en favor de nuestro Señor y de nuestra nación.

Pat cuenta una fascinante historia de un encuentro que tuvo con un pornógrafo en Las Vegas, por medio del cual Pat aprendió cuánto nos ama Dios personalmente a cada uno de nosotros.

☆ ☆ ☆

— ¡Oiga, Boone, leí su libro!

Al escuchar esto, me encogí.

Normalmente, me encanta que el Señor me provea de nuevas oportunidades para compartir mi testimonio.

Pero, ¿con un pornógrafo judío?

¿Y en el sauna del Hotel Sands?

¿Y en Las Vegas?

Sentí que me lanzaría un chiste pesado y me preparé para

eso, pero no sucedió. Aquel hombre rechoncho y de pelo rizado, cuyo negocio era la venta de material pornográfico y de groseras máquinas para cometer actos indecentes me miraba con la mayor seriedad.

— Habla en serio en el libro, ¿verdad?

Asentí con mi cabeza, todavía algo inquieto.

— Por supuesto que sí. Pero, ¿cómo es que obtuvo el libro?

— De Frankie Avalon.

(Yo había obsequiado varios ejemplares del libro a colegas artistas, entre ellos a Frankie Avalon, Dean Martin, Bob Goulet y Johnnie Ray, pero no a cualquiera que yo pensaba iba a considerarlo "raro" o sólo un material para hacer bromas, como habría sido el caso de este pornógrafo. Pienso que él habría sido la última persona en Las Vegas a quien yo habría contado mi testimonio... y he aquí ahora nos encontrábamos sudando y goteando juntos, frente a varias personas que observaban todo aquello con incredulidad.)

— Quisiera que orara por mí — dijo Ace suavemente.

Me imagino que todos quedaron boquiabiertos, entre ellos yo mismo. ¿Estaba bromeando el tipo? ¿Acaso quería tenderme una trampa?

— Hablo en serio. Yo siempre había creído que este asunto de la religión suya no era más que pura hipocresía, sólo parte de su "imagen", sabe. Pero el libro realmente me tocó.

»Mire, yo sé por qué mi vida está tan arruinada. Es porque yo soy mi peor enemigo. Me he casado cuatro veces, he ido a la quiebra dos veces, y si conociera alguna otra forma de ganarme la vida, no estaría vendiendo esta basura. La pura verdad es que no estoy nada orgulloso de ello.

»Estoy gordo, fofo y tengo más de cuarenta años, y ahora el médico me ha dicho que tengo que operarme de la vesícula... y estoy verdaderamente aterrado. Realmente quisiera que orara por mí.

¡Juraría que sentía que se me ponía la carne de gallina en ese calor de casi ochenta grados centígrados!

— Mire, Ace — dije, sin atreverme a mirar a los otros tipos —, me encantará orar por usted, y lo haré. Pero ¿sabe? Dios quiere que sea usted mismo quien le cuente sus problemas. Así es Él. ¿Quisiera orar usted también?

La expresión de su rostro parecía una mezcla de tristeza y de júbilo, si es posible imaginar cosa tal. Ambas fuerzas se agolparon al mismo tiempo, produciendo una sonora carcajada:

— ¿Yo? ¿Que ore yo? ¡Hombre, vamos! Dios me fulminaría, y me mandaría al infierno, o a quién sabe dónde. ¡Usted debe de estar bromeando!

En ese momento sentí la soledad real y el vacío que había en aquel hombre, y repentinamente vi que su exterior duro y brusco no era sino una máscara.

— Ace — le dije, obedeciendo un impulso interior antes de percatarme completamente de lo temerario que resultaba — son muchas las personas que tienen ideas equivocadas en cuanto a la oración y en cuanto a Dios mismo. Él no está interesado en escuchar palabras religiosas de los llamados religiosos. Jesús mismo dijo que hay una sola persona realmente buena, ¡y esa persona es Dios! De modo que Dios desea escucharnos a cada uno de nosotros, no porque seamos buenos, sino porque sencillamente nos ama.

»Mire, yo no planeé que usted leyera mi libro. Más bien, habría tratado de mantenerlo alejado de usted, pensando que no le habría interesado en absoluto. Por eso, creo que Dios debe de haber querido que lo leyera, y por tanto lo hizo posible. Él conoce su corazón mucho más que yo, y yo sé que Él escuchará y responderá su oración.

»¿Quiere saber una cosa? Yo nunca le había sugerido esto a nadie antes, pero voy a orar para que Dios le sea real a usted de una manera que no le quedará ninguna duda. No sé lo que Él hará, pero creo que Él le mostrará, de alguna manera, que le está escuchando y que está recibiendo sus oraciones. ¿Quisiera orar por lo mismo?

— Yo no sé orar, Boone; realmente no sé.

Ace se veía un tanto incómodo, consciente de repente de las miradas incrédulas de los demás.

— No le estoy diciendo que sea aquí y ahora mismo — le dije — sino después, cuando esté solo. A usted no le resulta ningún problema conversar conmigo, ¿verdad?

Ace sonrió, un poco aliviado quizás.

— No, pero es que usted no es Dios.

— Es verdad, no lo soy, pero usted puede hablar con Él de la misma manera que está hablando conmigo. No importan las palabras porque lo que Él escucha es el corazón. Sin embargo, es importante que usted mismo se dirija a Él. ¿Lo hará?

— Muy bien, trataré, pero no sé.

Meneó la cabeza y salimos del sauna.

Mientras me dirigía al hotel donde me encontraba trabajando, me dirigí al Señor, orando en voz alta:

— Señor, no sé en qué nos hemos metido, pero de verdad oro por Ace. Y oro porque ahora mismo le muestres, de alguna manera que a él no le quede la menor duda, que tú has escuchado su oración. ¿Lo harás, por favor? Gracias, Señor.

Suena bien ahora que se lo cuento, pero debo confesar que mi fe era verdaderamente débil. ¿Un judío? ¿Un pornógrafo? Un personaje estrafalario de Las Vegas . . . ¿en qué nos habíamos metido el Señor y yo? ¿O había sido sólo yo?

Oré mucho por Ace los dos días siguientes.

En ese tiempo no lo vi, y no estaba seguro de que quería verlo.

Pero mi contrato con el hotel había llegado a su fin, y por última vez me dirigí al gimnasio del Hotel Sands para darme un buen masaje y un baño de vapor. Pensé que vería a Ace, y me sentía nervioso por la posibilidad de que así fuera.

Él no se encontraba allí, pero cuando me encontraba en el sauna, el empleado abrió la puerta para decirme que una persona me solicitaba por teléfono, y que se trataba de alguien llamado Ace. Mientras me dirigía al teléfono, no pude evitar preguntarme si me preparaba una buena broma, y que ahora me la haría.

Pero la emoción al otro extremo de la línea rápidamente borró tal pensamiento.

— ¡Se respondieron sus oraciones! ¡SE RESPONDIERON SUS ORACIONES!

Hablaba tan alto que tuve que retirar un poco el teléfono de mi oído.

— Espere, Ace — le respondí, atropellando las palabras —. ¿Qué ocurrió? ¿Qué es lo que quiere decir?

— ¡Boone! ¿Recuerda que usted dijo que le hablara a Dios de la misma manera como le estoy hablando a usted? ¿Y que le pidiera que me mostrara algo? Pues bien, yo pensaba que usted probablemente estaba loco, pero lo hice. O sea, le hablé a Dios en voz alta, como usted dijo. En verdad sentía como si le estuviera hablando a la lámpara o al aire, y no pensaba que mis palabras iban más allá de la habitación, pero lo hice. Usted debió de haber estado orando también, ¿verdad?

Al oírlo decir esto, me reí entre dientes.

— ¡Por supuesto que sí!

— Bueno, ¡déjeme contarle lo que pasó!

»Fui al médico para mi último examen antes de la operación de vesícula. Me estaba muriendo de miedo. El médico entonces me dio a beber un líquido blanco y terroso y me sometió a rayos X. Poco después volvió con las placas, meneando la cabeza, y diciendo que ¡no podía encontrar los cálculos! Habían desaparecido. Entonces el médico me dijo que no podía operarme si no podía encontrar los cálculos.

Me quedé pasmado.

— ¡Pero eso es fantástico, Ace!

— Sí, pero ¿qué debo hacer ahora?

De nuevo, me quedé prácticamente sin palabras, y le dije la primera cosa que se me vino a la mente:

— Bueno, Ace, lo primero es que no vea esto como el fin de nada, sino como el comienzo . . .

— ¿Sí . . . ?

Él estaba ansioso. Quería saber más.

— ¿Por qué no se consigue una Biblia y comienza a leer de Aquel que ha hecho esto por usted? Es obvio que Él lo ama, Ace. Yo mismo me encuentro maravillado, pero usted sabe ahora que Él le oye, ¿verdad?

Entonces Ace me interrumpió:

— ¡Sí, sí, eso es lo que haré! — y colgó.

Había salido corriendo a comprar una Biblia.

Y allí estaba yo, sentado, con mi boca llena de "Pero oiga . . ." y "Espere . . .", con la cabeza llena de consejos para él, deseando con el corazón que buscara el compañerismo de una buena iglesia, sosteniendo un teléfono que había sido desconectado.

Lentamente, mientras me hallaba así, comencé a ver lo mucho que Dios amaba a este "ex" pornógrafo, y me di cuenta de que Ace estaba en buenas manos.

Dios nos ama a cada uno de nosotros *con el mismo amor*. Y Él sabe quiénes están listos para responder a su toque milagroso. Nosotros no. Si todo el mundo en Las Vegas se hubiera puesto en fila para que les hablara y orara por ellos, le habría pedido a Ace que se colocara al final de la cola.

Pero Dios lo había puesto en el primerísimo lugar.

El Dios de los milagros se preocupa personalmente de cada uno de nosotros. Y ya que Él es sobrenatural y milagroso por naturaleza, la relación personal con Él producirá invariablemente milagros en la vida de cualquier persona.

¿Qué es un "milagro"? *El toque de Dios en nuestra vida." Yo escogí a propósito esta definición sencilla porque he descubierto que Dios utiliza muchos medios para cambiar las cosas a favor de nosotros. Puede parecer algo natural, pero si Dios tiene su mano en ello, ¡es un milagro! Y la vida se transforma en algo muy emocionante.*

¿Toca este Dios su vida en medio de la confusión e incertidumbre de este mundo que se derrumba? Entonces, ¡respóndale! Eso es un milagro. Dios mismo, por su amorosa y tierna preocupación por usted, hace caso omiso de las leyes de la naturaleza y de la ciencia . . . ¡por usted!

No he vuelto a ver a Ace. Se fue corriendo a conseguir una Biblia y no tuve la oportunidad de volver a hablarle. Señor, tú lo amas, ¿verdad? Bien, no dejes, por favor, que él se te escape.

Y tú, Ace, dondequiera que estés, Dios te ama.

Tony Campolo

Personas comunes que hacen cosas extraordinarias

El doctor Tony Campolo, profesor de sociología de Eastern College (cerca de Filadelfia, Pensilvania), es un escritor y conferenciante muy conocido.

Se refleja en su activismo su profunda convicción de que los cristianos deben estar en la vanguardia de los problemas sociales. Tony fundó Cornerstone Christian Academy (Academia Cristiana de la Piedra Angular), un colegio para niños de los barrios céntricos de la ciudad con dificultades de aprendizaje. También fundó una organización para establecer hospicios bajo patrocinio cristiano para víctimas del SIDA. Tony es miembro de la junta directiva internacional de *Habitat for Humanity* (Habitación para la Humanidad).

Tony tiene un gran amor por Cristo y el deseo de que los demás lo conozcan. Yo lo veo a él como un espléndido y eficaz vocero de nuestro Señor Jesucristo y le pedí que participara en este libro por el cálido afecto y alta estima que le profeso.

Tony nos relata aquí la emocionante noche de un sábado que él pasó cuando joven, en un grupo juvenil llamado *"Bible Buzzards"* (Los Buitres Bíblicos). A estos adolescentes los orientaba un hombre común que demostraba una extraordinaria solicitud por los demás. El divertido relato de Tony de cómo Dios puede utilizar a cualquier persona para alcanzar a otros para Cristo, seguramente le estimulará a hablar de las Buenas Nuevas con quienes le rodean.

☆ ☆ ☆

Cuando yo tenía quince años de edad, un amigo mío, Burt Newman, me pidió que lo acompañara a un estudio bíblico un sábado por la noche. Yo había crecido en una iglesia y pensaba que ya tenía todo el conocimiento fundamental que debía tener un adolescente en cuanto al cristianismo, pero nada de ello me había resultado lo suficientemente interesante como para hacerme querer ir a un estudio bíblico un sábado por la noche.

Las noches de los sábados eran para divertirse, y por lo que a mí se refería, estudiar la Biblia era algo fastidioso que la gente hacía en la escuela dominical para apuntarse tantos con Dios. Pero Burt era un buen amigo, así que para complacerlo lo acompañé.

A las siete y media en punto llegamos a la pequeña casa donde se tendría este estudio bíblico. Al atravesar la puerta principal, me sorprendió ver que el lugar estaba repleto de adolescentes, sentados en cada centímetro libre del piso y apretujados en cada uno de los peldaños de la escalera. Habiendo encontrado un lugar apenas visible bajo la mesa del comedor, rápidamente me uní al grupo de adolescentes hiperactivos y pronto estuve disfrutando de una hora entera de cánticos cristianos.

Todo aquello me resultaba sensiblero. Las canciones me eran demasiado conocidas, pues las había aprendido en la Escuela Bíblica de Vacaciones. Coros tales como *Acuérdate de mí, Señor* y *Con Cristo en tu barco todo marcha feliz* eran típicos de lo que se cantaba. Pero, a pesar de todo, lo estaba disfrutando. Me deleitaban especialmente las bromas constantes que se producían entre una y otra canción, la mayor parte de ellas sorprendentemente ingeniosas, lo cual nos mantenía riendo a todos.

A las ocho y media llegó la hora de comenzar el estudio bíblico. Todos, a excepción de mí, sacaron su Biblia y buscaron el libro de Efesios. Pude observar que estos jóvenes eran serios. Yo realmente nunca había visto antes tanto fervor en el estudio de la Biblia.

El maestro era un hombre delgado, casi seco, con un bigote finísimo, muy poco carismático de personalidad y definitivamente no lo que yo esperaba. Más tarde me enteré de que se ganaba la vida como contador, y después de reflexionar, yo podría haberlo adivinado con sólo mirarlo. Tenía la imagen perfecta de contador.

Acurrucado bajo la mesa del comedor, escuché atentamente a Tom Roop leer y comentar dos versículos del capítulo 2 de Efesios. No hizo ningún chiste. Su mensaje no era muy erudito, pero sentí algo especial en cuanto a este hombre. Al principio no podía identificar lo que era, pero después de varias semanas entendí lo que había en él capaz de mantener a más de cuarenta adolescentes totalmente fascinados oyendo lo que él les explicaba.

El secreto era que él se interesaba. ¡Eso era! Él realmente se interesaba. Se interesaba por nosotros, se interesaba por la Biblia y se interesaba porque todos nosotros entendiéramos lo que enseñaba la Biblia. Creía que la teología era importante y que nosotros éramos lo suficientemente inteligentes como para entender lo que contenía esa epístola paulina. De modo que ir a ese estudio bíblico se convirtió para mí en un rito cada sábado por la noche durante mis años de estudiante de secundaria.

El nombre absurdo que estos avispados adolescentes adoptaron reflejaba ciertamente la clase de grupo que éramos. ¡Nos llamábamos los Buitres Bíblicos! Cada vez que menciono ese nombre, se producen siempre sonrisas incrédulas. El señor Roop consideraba que el nombre era adecuado porque él nos veía como jóvenes con un deseo voraz de "devorar la palabra de verdad".

Pero antes que usted se ría de nosotros, considere los nombres de algunos de los que asistían a esas reuniones: George Fuller, que llegaría a convertirse en un sobresaliente erudito bíblico y al final rector del Seminario Teológico Westminster; Keith Harman, que ganaría su doctorado e impartiría clases de religión en la Universidad Ursinus; Bob White, que se convertiría en decano académico de la Universidad Duke; y Preston Ramson, que ganaría el Premio de Dramaturgia Tennessee Williams por su obra *King Crab* (El rey cangrejo), que constituyó todo un éxito teatral de Broadway y de la televisión pública educativa. Además de ellos, salieron de ese grupo por lo menos quince pastores que han traído fielmente a una multitud de personas a Cristo. Y también está mi amigo Burt. Él es ahora profesor de atención pastoral en el Seminario Episcopal de Alexandria, Virginia.

La historia de Tom Roop es la historia de las cosas extraordinarias que un laico común puede hacer por Cristo. Lo que él logró muestra la diferencia que puede hacer el interesarse por algo. Aún hasta el día de hoy, el señor Roop se mantiene en contacto con "sus chicos" y ora regularmente por ellos. ¿Qué otra cosa podría esperarse? De Tom Roop yo aprendí que los cristianos "laicos" tienen el llamamiento especial de extender el evangelio.

Esta lección quedó reforzada un día en un vuelo que tomé de Filadelfia a Orlando, Florida. Me dirigía a un festival cristiano donde tendría el privilegio de hablar a más de 20.000 personas, y me estaba sintiendo un tanto presumido. Después de todo, pensaba, Dios me va a utilizar de una manera poderosa.

Mientras me encontraba sentado junto a la ventanilla del avión, miré al otro lado del pasillo. Sentada junto a la ventanilla del extremo opuesto del avión se hallaba una mujer tremendamente atractiva. En aproximadamente el mismo momento que la vi, noté que un neoyorquino que acababa de abordar el avión se movía lenta y despreocupadamente por el pasillo. No me pregunten cómo sé que se trataba de alguien de Nueva York. ¡Lo sabía! Llevaba puesta una camisa azul de seda abierta casi hasta la cintura, de manera que podía mostrar su pecho peludo, y de su cuello colgaban perezosamente dos pesadas cadenas de oro. Mientras se acercaba, sabía dónde se sentaría. No importa dónde le hubieran asignado el asiento, yo no tenía ninguna duda en mi mente de que se sentaría al lado de la hermosa mujer que había captado mi atención.

¡No me equivoqué!

En los siguientes minutos, sus avances fueron dignos de contemplación. De manera habilidosa inició con ella una conversación. Este hombre sabía definitivamente lo que estaba haciendo; ya tenía experiencia en el asunto. Pero tan pronto como la conversación pareció adquirir otro cariz, vi que ella abrió su bolso y extrajo una Biblia. Aquella incongruencia me obligó a hacer todo lo posible para no echarme a reír.

Durante todo el trayecto a Orlando, esta maravillosa mujer joven le explicó el camino de la salvación a su nuevo amigo, mostrándole con la Biblia lo que Jesús había hecho por él en la cruz y lo que él tenía que hacer para ser "salvo".

Cuando el avión aterrizó y se detuvo en el terminal, casi todos se pusieron de pie lo más pronto posible para desembarcar. Todos, es decir, menos el neoyorquino y la mujer. Ambos tenían la cabeza inclinada en oración, pidiendo a Jesús que se convirtiera en una presencia salvadora en la vida de aquel hombre.

Cuando pienso en Tom Roop y en aquella joven mujer, recuerdo que Dios construye su reino principalmente por medio de personas comunes que están dispuestas a utilizar sus contactos diarios para hablar a los demás de la salvación que se encuentra en Jesucristo.

Los televangelistas tienen su lugar. Los evangelistas traen muchas personas a Cristo. Y supongo que los libros cristianos tienen también una contribución que hacer en la tarea evangelística comisionada por nuestro Señor. Pero al final de cuentas, parece estar claro que la mayoría de las personas vienen a Cristo traídas por personas comunes laicas que, de manera casi imperceptible, aman a las personas conduciéndolas al reino de Dios y que, con cierto riesgo, utilizan sus contactos diarios con extraños como oportunidades para testificar de Cristo.

Charles Colson

Mi cáncer y el evangelio de la buena salud

Por haber estado encarcelado durante siete meses en una prisión federal por un delito relacionado con el caso Watergate, el ex ayudante presidencial Chuck Colson vio personalmente los tremendos obstáculos que se les presentan a los prisioneros, a los ex prisioneros y a sus familias. En 1976, después de haber obtenido su libertad, Chuck fundó Confraternidad Carcelaria, un ministerio cristiano dirigido a los presos tras las rejas de la cárcel y más allá de ellas.

Como presidente de la directiva de Confraternidad Carcelaria, Chuck ministra regularmente en prisiones de todo el país y alrededor del mundo. Reconociendo que las cárceles atestadas de los Estados Unidos de Norteamérica no están rehabilitando a los presos, Chuck habla a menudo de la necesidad de reformar las actuales prácticas de justicia criminal.

Chuck se ha convertido en un amigo cuyo intelecto y calor humano consagrados a nuestro Señor lo han convertido en uno de los conferenciantes y escritores más populares de la generación actual. Ha sido siempre una inspiración y una bendición para mi vida.

Chuck escribe una columna mensual para la revista *Christianity Today* (Cristianismo hoy) y contribuye regularmente con numerosos periódicos y revistas. Es, asimismo, autor de varios libros, entre los cuales están *Nací de nuevo* y *Amando a Dios*.

La mayor lección de mi vida

A través de un encuentro que tuvo con el cáncer, Chuck encontró un nuevo propósito en las pruebas que sufren los cristianos. Su experiencia le inspirará para que usted vea su propio sufrimiento bajo otro aspecto también.

☆ ☆ ☆

Al salir del efecto de la anestesia, lo primero que vi fueron los rostros sonrientes de mi esposa Patty de mi hija Emily.

—¿Me lo sacaron todo? —pregunté.

Patty me apretó la mano y respondió:

—Sí.

—¿Era maligno?

Emily hizo una señal afirmativa con su cabeza.

—Sí, papi, era cáncer. Pero te lo extrajeron todo y te vas a poner bien.

El cáncer.

Siempre me había preguntado, con secreto temor, qué habría sido de mí si me decían que tenía cáncer. Pensaba que quedaría destrozado. Pero yo había orado por la gracia de soportar cualquier cosa que encontraran los médicos. Y, al igual que han descubierto muchos otros antes que yo, vi en la confrontación con el temor y el sufrimiento que no hay nada en lo cual Dios no derrame su gracia abundantemente. Sentía una completa paz y una gran gratitud hacia ese Dios misericordioso que me había traído a esa sala de recuperación.

Mis problemas estomacales comenzaron en noviembre de 1986 durante un viaje ministerial a Filipinas, y me obligaron a regresar a casa. Mi médico me dijo que yo estaba muy agotado, que tenía una úlcera sangrante y que debía alejarme de los aeropuertos durante cierto tiempo; pero que con descanso y una dieta adecuada el problema desaparecería pronto.

Tan pronto como mi estómago pareció estar en estado perfecto, hablé con un querido hermano cristiano, el doctor Joe Bailey, de Austin, Texas. Joe me instó, como ya lo había hecho también mi propio internista, a que me hiciera una gastroscopia. Pero la idea de que me colocaran un tubo en la garganta para que los médicos pudieran ver todo el escenario que había dentro de mi estómago no era particularmente atractiva. Por otra parte, la úlcera ya estaba sanada. Pero Joe se mantuvo insistente.

Por tanto, me sometí a los horrores del gastroscopio. El médico me dijo, como yo lo esperaba, que la úlcera había desaparecido. Pero luego vino lo inesperado: había descubierto un tumor en la pared estomacal.

Después de varias semanas de otras pruebas, los expertos llegaron a la conclusión de que el tumor era benigno. Por tanto, no había ninguna prisa en extraerlo. Pero una vez más Joe Bailey intervino.

— Chuck — dijo con su acento tejano —, sácate eso, y hazlo lo más rápidamente que puedas.

— ¡No puedo! Estoy escribiendo un nuevo libro. Tengo responsabilidades en mi ministerio; tengo que dar algunas conferencias.

Pero Joe seguía inconmovible. Y puesto que ya entonces sospechaba que Dios me estaba hablando por medio de él, fijé mi operación para comienzos de enero.

Para sorpresa de todos, el tumor resultó maligno. Sin embargo, por haberse detectado en su primera fase, los médicos me aseguraron que mi pronóstico era excelente. De no haberse detectado, el resultado habría sido totalmente diferente. De manera que la fastidiosa úlcera del otoño anterior sirvió como una advertencia por medio de la cual le hice caso a Dios, y Él utilizó la terca preocupación de Joe Bailey para que yo ingresara al hospital.

La gracia de Dios me proporcionó no sólo paz y protección, sino además nuevo propósito. Yo había comenzado — como lo saben algunos amigos — a agotarme por tanto escribir, dar conferencias y cumplir con compromisos de mi ministerio.

Pero mientras me encontraba en la cama del hospital, pensé seriamente en mis verdaderas prioridades. ¿Había yo inconscientemente caído en el trajín evangélico? Tratando de hacer todas esas cosas importantes que todo el mundo quería que hiciera, ¿me había vuelto cautivo de un itinerario tiránico antes que de la voluntad de Dios? Varias semanas de estar atado a unos tubos en el hospital constituyen un buen tiempo para reflexionar en una perspectiva más amplia en cuanto al plan de Dios para nuestra vida.

Mi sufrimiento me proporcionó además una nueva percepción en cuanto al evangelio de la buena salud y de la prosperidad. Si Dios realmente libra a su pueblo de todo dolor y enfermedad, como a menudo se dice, ¿por qué, entonces, me encontraba tan enfermo? ¿Es que se había debilitado mi fe? ¿Es que había caído de la gracia de Dios?

No. Yo siempre había considerado tales enseñanzas como falsa teología. Pero después de cuatro semanas en una unidad de cuidado intensivo, llegué a ver al evangelio de la buena salud como algo más: una presuntuosa piedra de tropiezo en contra de la verdadera evangelización.

Durante mis caminatas nocturnas por los pasillos del hospital con una intravenosa atada a un portasueros que me seguía, varias veces me encontré con un hombre de la India con un hijo de dos años de edad, cuyo cuerpo había rechazado los trasplantes de riñón que se le habían hecho, y que aparte de ello tenía un aneurisma cerebral y además había quedado ciego para toda la vida.

Cuando el padre, un hindú, supo que yo era cristiano, me preguntó si Dios curaría a su hijo si él, también, experimentaba el nuevo nacimiento en Cristo. Me dijo que había escuchado tales cosas en la televisión.

Mientras lo escuchaba, me di cuenta de cuán arrogante suena la religión de la buena salud y prosperidad a las familias que sufren: Todos los cristianos pueden salvarse del sufrimiento, pero los niños hindúes tienen que quedarse ciegos. Ante esto uno no podría echarle la culpa a ningún hindú, musulmán, o agnóstico de estar resentido contra, y aun odiar a, un Dios tal.

Le hablé a este amigo hindú acerca de Jesús. Sí, es cierto que Él puede intervenir milagrosamente en nuestra vida, pero venimos a Dios, no por lo que Él pueda hacer para evitarnos el sufrimiento, sino porque Cristo es la Verdad. Lo que Él nos promete es mucho más: el perdón de nuestros pecados y la vida eterna. Abandoné el hospital, dejando a mi amigo hindú estudiando la literatura cristiana, la Biblia, y mi propio testimonio que aparece en el libro *Nací de nuevo*. Si él se convierte en cristiano, no lo hará basándose en pretensiones falsas.

Mientras me encontraba en el hospital pensé a menudo en las palabras del pastor Steve Brown, de la Florida. Steve dice que cada vez que alguien no cristiano se enferma de cáncer, Dios permite que un cristiano también se enferme de cáncer, a fin de que el mundo pueda ver la diferencia. Por tanto, oré que yo pudiera ser tan lleno de la gracia de Dios que el mundo pudiera ver la diferencia.

Las palabras de Steve constituyen una verdad poderosa. Dios no le testifica al mundo evitándole el sufrimiento a su pueblo, sino que más bien demuestra su gracia a través de los cristianos que sufren.

Dios permite tal debilidad para revelar su fortaleza en medio de la adversidad. Su propio Hijo experimentó el dolor — y murió — para que nosotros pudiéramos ser liberados del poder de la muerte. Pero no se nos ha prometido libertad del sufrimiento sino hasta que estemos más allá de la tumba.

Así, pues, no puedo sino creer que Dios permitió que yo tuviera cáncer con un propósito, de la misma manera que permite que, día tras día, otros cristianos tengan otros cánceres aún más horribles y mortales que el mío. No sabemos el porqué de todas sus razones. Pero sí sabemos que nuestro sufrimiento y nuestra debilidad pueden ser una oportunidad para que testifiquemos al mundo de la extraordinaria gracia de Dios actuando a través de nosotros.

(Nota del editor: La cirugía de Charles Colson resultó todo un éxito, y no ha tenido ninguna otra reaparición del cáncer.)

James Dobson

Renunciando a mis expectativas y ambiciones

El fundador y presidente de Enfoque a la Familia, el doctor James Dobson, es una destacada autoridad en el tema de la familia.

Jim es uno de los líderes más respetados y reconocidos del mundo cristiano. Su dedicación a la construcción de familias bien cimentadas ha traído bendiciones a millones de personas. Y debido a sus conocimientos en cuanto a asuntos de la familia, fue invitado regularmente a la Casa Blanca como asesor del Presidente Ronald Reagan y de su equipo de gobierno, y más recientemente del Presidente George Bush.

Jim es el destacado autor de once libros que han sido éxitos de librería, entre los cuales se encuentra *Atrévete a disciplinar*, que fue seleccionado como uno de los cincuenta libros que serían colocados en la Biblioteca de la Casa Blanca.

El dramático testimonio de Jim en cuanto a la lucha que sostuvo hasta permitirle a Dios controlar y bendecir su trabajo y ministerio puede ayudarnos a cada uno de nosotros también a aprender cómo entregarle a Él nuestras ambiciones.

☆ ☆ ☆

He pasado la mayor parte de mi vida profesional escribiendo y hablando acerca de las relaciones interpersonales de uno y otro tipo. Por tanto, puede resultarles sorprendente saber que una de las lecciones más importantes que he tenido que aprender se refiere a la manera como me relaciono con las personas, específicamente en cuanto a la manera de comunicarme con ellas por escrito.

Permítame que se lo explique.

Yo soy escritor, y siempre he expresado mejor mis pensamientos en forma escrita. Hasta cuando era un niño de diez años, acostumbraba escribir cartas a mis padres si pensaba que me habían castigado injustamente. Yo prefería presentar mis alegatos por escrito antes que cara a cara.

Por tanto, a través de los años, mi primera reacción cuando me sentía irritado era expresar mis pensamientos por escrito. Pero no fue sino hasta el año 1981 que comencé a darme cuenta de las desventajas de ese método; son muchas.

En primer lugar, cuando las palabras se ponen por escrito, su intensidad no disminuye con el paso del tiempo. Allí, en los archivos, o en casa en posesión de un cónyuge, hay un furibundo mensaje que conserva su impacto original aun después que todo el mundo se haya olvidado del problema que lo motivó. Cuando se expresan en el papel los pensamientos de enojo, continúan estando vivos y son peligrosos, ¡como un explosivo!

En segundo lugar, hay algo poderoso en el lenguaje escrito. Recordemos que Jesús se identificó a sí mismo completamente con las Escrituras: "En el principio era el Verbo, y el Verbo era con Dios, y el Verbo era Dios" (Juan 1:1). Aun las palabras del hombre pueden ser una espada de doble filo que hieren al alma en lo más vivo. Las palabras duras, expresadas verbalmente, también pueden ser destructivas, por supuesto, pero no pueden compararse con las que han sido cuidadosamente arregladas sobre el papel y servidas bien calientes.

En tercer lugar, me di cuenta de que mi tendencia a reprender por escrito preparaba el escenario para que otros miembros de mi equipo hicieran lo mismo. Éstos comenzaron a criticarse entre sí por medio de memorándums, lo cual produjo el desquite inmediato y los contraataques. Entonces me di cuenta rápidamente de que esto estaba mal.

En cuarto lugar, descubrí que mis encuentros cara a cara

con las personas que necesitaban corrección no eran ni remotamente tan severos o dolorosos. A veces la persona podía darme una explicación lógica que yo no había considerado antes, y en otras ocasiones yo veía cierta vulnerabilidad en sus ojos que suavizaba mi irritación.

Lo que estoy tratando de decir es que el Señor comenzó a hablarme de todo este asunto, y me he suavizado significativamente en los últimos años. Pero las críticas en cuanto a mi dureza que algunos me han hecho fueron realmente justas en esos años. Por supuesto que nunca actué por capricho o con maldad hacia las personas, ya que la mayoría de mis memorándums fuertes estuvieron dirigidos a los que deliberada o perezosamente no estuvieron a la altura de la necesidad o no cumplieron con alguna norma bien conocida por todos. Nunca he sido un patrón tirano. Sin embargo, necesitaba hacer ciertos cambios importantes en la manera de relacionarme con mis colegas, y eso es lo que he intentado hacer desde entonces.

Como usted podrá suponer, esta tendencia mía a ser duro, especialmente cuando escribo, la he empleado, también, en mis relaciones profesionales con otras personas fuera de Enfoque a la Familia. En realidad, fue en este asunto que el Señor me llamó la atención por medio de una de las advertencias más fuertes y directas que jamás había recibido de Él en cuanto a este tema.

Al hacerme más viejo y un poco más sabio, me he sentido verdaderamente constreñido a ir a los editores de algunos de mis primeros libros para pedirles perdón por las cosas que llegué a exigirles. Jamás olvidaré la vez que publicaron mi segundo libro *Hide or Seek* (Escondite). Éste apareció después de *Atrévete a disciplinar*, que había sido tremendamente exitoso. Yo no quería ser un escritor malogrado — el escritor de un solo libro — que no tenía más nada de importancia que decir. Como resultado, sentía mucha presión por producir otro libro que fuera un éxito de librería. Aquello no era sino simple y puramente orgullo carnal.

Por alguna razón que me explico, encontré difícil de escribir *Hide or Seek*, y por dos años me atasqué en el proceso. Ahora es probablemente mi libro favorito, pero me resultó difícil darlo a luz. Cuando finalmente el libro salió de las prensas, yo era un joven escritor tenso, y estaba resuelto a que el libro tuviera éxito de cualquier manera. Fui a Nueva York en 1974 y participé en diecisiete entrevistas de radio, prensa y televisión en un período de sólo tres días. Ningún precio que yo pagara era demasiado grande para hacerle saber al mundo que podían adquirir el libro.

Poco después de esto, Ernie Owen, mi editor de la Fleming H. Revell de Nueva Jersey vino a verme en el Children's Hospital. Salimos a almorzar juntos y le hice sentir mi malestar durante la comida.

— ¿Cómo es que no puedo encontrar ejemplares de *Hide or Seek en las librerías cristianas?* — le reclamé —. ¿Dónde estás promocionando el libro, y por qué no me mantienes informado de tus planes?

Y seguí quejándome, una y otra vez. De pronto, el hombre — que es ahora un buen amigo mío — me lanzó sus propios ataques.

— Quiero saber algo acerca de ti — dijo Ernie firmemente —. ¿Por qué es tan importante este libro para ti? ¿Por qué estás actuando de esta manera? ¿Por qué estás tan tenso por el trabajo que estamos haciendo?

Ernie probablemente no lo supo en ese momento, pero sus respuestas me pusieron furioso, ya que en vez de hacer su trabajo como mi representante, yo creía que estaba siendo desconsiderado para conmigo y me estaba haciendo sentir como un tonto por mi insistencia en que mis editores hicieran un trabajo de calidad.

Terminé de comer rápidamente, me despedí de Ernie y me dirigí al hospital, que estaba al otro lado de la calle. Había andado cerca de cincuenta metros desde el restaurante cuando el Señor me habló. No fue una voz audible, ¡pero indudablemente era la suya! Me dijo:

— Hijo mío, esas preguntas que Ernie te hizo hace pocos minutos no provinieron de él, sino de mí. Yo también quiero saber por qué estás presionando y empujando tan duro a todo el mundo. Dime por qué estás tratando de forzar que este libro sea un éxito. ¿Es que no sabes que no tienes nada sino lo que yo te he dado, y que *Hide or Seek* será un éxito sólo si yo decido bendecirlo? Entonces, ¿por qué estás tratando de promocionarlo utilizando tus propios recursos?

Si usted alguna vez ha recibido unas nalgadas de parte del Señor, sabrá que es una experiencia desagradable. Me sentía humillado.

— Lo comprendo, Señor — dije humildemente, y entregué *Hide or Seek* en sus manos —. Es tuyo. Si deseas utilizarlo, está bien, y si no, renuncio a mis ambiciones personales.

Hide or Seek se disparó como un cohete ese mes y aún sigue vendiéndose bien después de diecisiete años.

Lo que he querido decir es que soy una persona apasionada con opiniones definitivas en cuanto a cómo deben hacerse las cosas. Lo era particularmente cuando era joven. En esos días tenía un temperamento muy fuerte. Pero el Señor está derrotando esas características que hay en mí. Si pudiera vivir cien años más, ¡es posible que llegaría a ser un tipo bien simpático!

Billy Graham

Un ejemplo de humildad

Billy Graham es un estadista entre estadistas, un líder entre líderes, por quien he sentido gran aprecio durante cuarenta años desde que se interesó especialmente por mí y por el ministerio de Cruzada Estudiantil para Cristo cuando éste era apenas un movimiento que se iniciaba. En realidad, los primeros mil dólares que recibió nuestro ministerio fue una ofrenda hecha por Billy Graham.

A lo largo de su ministerio mundial de más de cuatro décadas, Billy ha predicado el evangelio en persona a más personas que cualquier otro predicador en toda la historia del cristianismo. Su amor por el Señor, su integridad y su genuino sentimiento de humildad han sido fuertes testimonios para Cristo a las multitudes de la tierra. Vonette y yo estamos realmente en deuda con Billy y con su maravillosa esposa Ruth por su amistad y estímulo a través de los años.

Como escritor popular, Billy ha escrito catorce libros que se han convertido en éxitos de librería, entre ellos *Paz con Dios* y *Nacer a una nueva vida*. Una de las lecciones más grandes que ha aprendido Billy la recibió del ejemplo de un hombre piadoso a quien conoció durante una de sus cruzadas evangelísticas. Este es su testimonio.

★ ★ ★

Era enero de 1950 y el lugar era Boston.

Nuestras concentraciones evangelísticas en Los Ángeles el verano anterior habían atraído grandes multitudes que no esperábamos y una atención sin precedente por parte de la prensa, radio y televisión. Cuando terminamos la campaña de Los Ángeles comenzamos a hacer planes para nuestra siguiente cruzada que sería en Boston. Pero todo el mundo nos advirtió que Boston — una ciudad cosmopolita, culta y tradicionalista — sería muy diferente a cualquier otra ciudad donde hubiéramos predicado antes. Muchos, en realidad, dudaban que debiéramos siquiera intentar tener allí reuniones evangelísticas.

Pero el doctor Harold John Ockenga, el ilustre y erudito pastor de la prestigiosa Iglesia de Park Street, pensaba de otra manera. Poniendo en juego su reputación personal, el doctor Ockenga nos animó a aceptar una serie de reuniones durante diez días en su iglesia.

Inmediatamente quedó claro que Dios estaba obrando en Boston de una manera extraordinaria. Miles de personas no pudieron entrar desde las primeras reuniones, lo cual nos hizo buscar frenéticamente lugares con mayor capacidad para las reuniones. Los cinco periódicos de la ciudad competían entre sí por darle cobertura de primera página a la cruzada, y los medios de comunicación del resto del país reseñaron el acontecimiento. Día tras día, centenares de personas recibían a Cristo durante la cruzada.

Seguramente, pensaba yo, *el doctor Ockenga debe de sentir mucha satisfacción personal y un orgullo justificado por lo que está sucediendo, y por la importante participación que ha tenido en todo esto que está ocurriendo.*

Un día, a mitad de campaña, me detuve para verlo en la iglesia. Su secretaria me informó que el doctor Ockenga se encontraba en esos momentos en su oficina y me sugirió que entrara a verlo. Sin embargo, al entrar, pensé que ella debía de estar equivocada, ya que no se veía al doctor Ockenga por ningún lado. Pero, luego, un sollozo apagado captó mi atención, y lo observé postrado sobre el piso, con su cara literalmente debajo de la alfombrilla. Allí estaba orando encarecida y fervientemente, como yo jamás había visto a alguien orar, reconociendo humildemente su indignidad y su total dependencia del Espíritu Santo. Estaba rogando a Dios que derramara sus bendiciones sobre la gente de Nueva Inglaterra a través de las reuniones. No había ni el más leve indicio de orgullo o de engreimiento.

Para mí, su ejemplo constituyó una ilustración gráfica e inolvidable de uno de los mandamientos más claros de la Biblia: "Humillaos, pues, bajo la poderosa mano de Dios, para que él os exalte cuando fuere tiempo" (1 Pedro 5:6). Si el doctor Ockenga, con todo su preparación, prestigio y éxito, necesitaba humillarse delante de Dios, ¡cuánto más lo necesitaba yo!

Dios me ha enseñado valiosas lecciones a través de los años, pero una de las más grandes es que las Escrituras nos enseñan que debemos humillarnos delante de Él. Sólo entonces podrá usarnos como quiere.

La Biblia no nos dice que oremos pidiendo humildad, como si debiéramos esperar que Dios repentinamente nos quitara el orgullo y nos llenara de sentimientos de humildad. Por el contrario, las Escrituras nos enseñan a humillarnos, esto es, a enfrentar con toda sinceridad al orgullo y al engreimiento cada vez que se nos suban a la cabeza, y luego a arrepentirnos de ellos y tomar las acciones que sean necesarias para ser humildes delante de Dios. Así, cuando me he sentido tentado algunas veces a creer que ha sido gracias a mí que se ha logrado algo, cuando en realidad es Dios quien lo ha hecho, he tenido que humillarme delante de Dios y reconocer mi absoluta dependencia de Él.

El orgullo es fatal, y Satanás siempre se valdrá de él para impedir la obra de Dios en nosotros y a través de nosotros, de la misma manera que lo hizo con Adán y Eva en el Huerto del Edén. Pero Dios ha dicho: "Yo Jehová . . . a otro no daré mi gloria" (Isaías 42:8). No importa cuánto quiera usarnos el Señor, toda la gloria, toda la alabanza y toda la honra deben darse a Él, y sólo a Él.

Jack Hayford

El milagro de Aimee

El doctor Jack Hayford es el pastor principal de The Church of the Way (La Iglesia del Camino) de Van Nuys, California. Lo que comenzó como una responsabilidad temporal para dar atención pastoral a dieciocho personas en 1969 ha continuado fructificando hasta ahora y actualmente la congregación tiene más de siete mil miembros.

Desde hace mucho tiempo, Jack me ha impresionado e inspirado como un tendedor de puentes espirituales, por su amoroso y afable espíritu que se extiende para abrazar a hombres y mujeres de todas las denominaciones y movimientos que honran a nuestro Señor. Jack es un genuino embajador de la oración de Cristo que aparece en el capítulo 17 del Evangelio según San Juan, porque sus seguidores puedan ser uno así como Él y el Padre son uno.

Jack es además un talentoso compositor que ha escrito más de cuatrocientas canciones, himnos y otras obras musicales, entre las que se encuentra el famoso himno "Majestad".

Jack tiene un ministerio especial en cuanto a enseñar a los cristianos cómo adorar y alabar a nuestro maravilloso Señor a través del canto. Aquí nos relata la reconfortante historia de una niñita que le enseñó cuán personal y provechosa puede ser esa adoración.

✯ ✯ ✯

Ella era la viva imagen de la timidez, parada frente a la puerta, observándome tímidamente, con uno de sus dedos encorvado bajo su labio inferior y preguntando elocuentemente con sus ojos:

— ¿Puedo hablar con usted, pastor Jack?

Le hice señas de que entrara y la pequeña de ocho años atravesó el oratorio donde me encontraba con algunos líderes de la iglesia, y me puse de rodillas para atender a la niña.

— Hola, Aimee — le dije sonriendo —. ¿Qué deseas?

Ella era tan deliciosamente infantil.

— Pastor Jack, quiero que oiga una canción que me dio el Señor.

Aunque el culto estaba a punto de comenzar, en ese momento ella me pareció mucho más valiosa y apremiante que la multitud que se había reunido para el culto de adoración.

— A ver, cántamela.

Entonces ella cantó una tierna tonadita. La amorosa letra expresaba su adoración y daba expresión a sus primeros descubrimientos en la creatividad del Espíritu Santo en el canto.

— Eso estuvo muy hermoso, Aimee. Continúa cantándola para el Señor Jesús, ¿quieres?

Asintió con su cabeza y nos abrazamos, mientras le susurraba:

— Gracias por compartir tu canción conmigo. Saluda de mi parte a papá y a mamá, y . . . ¡te amo!

Su sonrisa habría podido derretir a millones de corazones, al decir:

— Yo también lo amo a usted.

Entonces se fue corriendo hacia la puerta, para reunirse apresuradamente con sus padres.

Tengo más que contarles en cuanto a Aimee, pero por el momento hago una pausa para subrayar una de las mayores lecciones que he aprendido en cuanto a la adoración y al canto: Dios quiere que cada uno de nosotros le cante su propia canción de alabanza a Él.

El Creador, cuya Palabra dice una y otra vez: "Cantad a Jehová cántico nuevo", quiere engendrar una nueva canción en los labios y en los corazones de sus hijos, ¡una canción inconfundiblemente nueva y personal!

Mi respuesta a la canción de Aimee fue más que la benevolencia de un pastor hacia una niña; fue la confirmación de una práctica vital. Ella nunca me había escuchado estimular la interpretación de las composiciones musicales propias en la adoración, pero a su tierna edad estaba experimentando una posibilidad creadora que está abierta a todos nosotros.

La adoración es posible sin la música, pero nada contribuye más que la música a su belleza, majestad, ternura e intimidad. La amplitud del estilo, las infinitas posibilidades melódicas, los delicados matices de la dinámica coral, el brillo de los arreglos musicales, los motetes inspiradores de coros ungidos por el Señor, la sonora magnificencia de los órganos gigantes: todos ellos parecen ser medios dados por Dios para nuestra expansión sin límites en la adoración.

¿Qué pautas nos ofrece la Palabra de Dios para esperar y cultivar la música en la adoración colectiva?

En primer lugar, la implantación fructífera de la Palabra de Dios está vinculada a nuestro canto y adoración (Colosenses 3:15,16). La mayoría de nosotros consideramos que estas son funciones separadas, es decir, la Palabra como instructiva y la música como inspiradora. Sin embargo, yo creo que se necesita el canto de adoración para que la carne de la Palabra de Dios sea asimilada en nuestro carácter y conducta. De la misma manera que se necesita un sistema digestivo que procese los alimentos y distribuya los nutrientes a través de todo el cuerpo, el canto de adoración es esencial para la integración de la Palabra de Dios en nuestra vida.

En segundo lugar, la adoración llena del Espíritu Santo es la manera mediante la cual los preceptos de Dios penetran en la personalidad humana. El canto de adoración hace más sensible nuestra mente para que reciba la Palabra de Dios, y somete nuestra alma a la implantación del Espíritu Santo en nosotros. La adoración llena del Espíritu Santo nos permite recibir poder a través de la enseñanza que surge de la Biblia.

No hay ningún misterio en este mensaje: Si uno desea caminar en la voluntad y sabiduría de Dios, hay que evitar el espíritu del mundo y mantenerse lleno del Espíritu de Dios. ¡Practicar la adoración por medio del canto es la manera de lograr ambas cosas!

Algo que contribuyó en gran manera a ensanchar nuestros nuevos horizontes en cuanto a la adoración colectiva surgió como resultado de nuestra permanente frustración y fracaso de no lograr tener un coro permanente.

Cada nuevo intento involucraba a personas capaces y cada comienzo les parecía emocionante a todos. Pero después de tres intentos en igual número de años, llegué a la conclusión de que Dios estaba tratando de decirme algo. Por tanto, no seguí insistiendo ante el Señor en cuanto a nuestra necesidad de un coro. La moratoria manifiesta de Dios en nuestros esfuerzos para formar un coro fue la clave para que liberáramos el canto de nuestra congregación.

Entonces comencé a tratar a la iglesia de la misma manera que trataría a un coro. Yo no creía que los coros fueran una tradición profana que había que derribar, sino más bien que todos éramos "el coro" en el momento presente de nuestro cuerpo congregacional. (Entre paréntesis, todavía tratamos a la congregación como un "coro", pero tenemos además seis coros vocales y dos de campanas.)

El libro de Apocalipsis descubre un gran coro angélico de adoradores en el cielo: "Y su número era millones de millones" (Apocalipsis 5:11). Pero la Epístola a los Hebreos va aún más allá, y asombrosamente nos pone a todos en ese coro celestial, ante el trono de Dios, cantando nuestras alabanzas junto al coro angelical, uniéndonos a ellos en la adoración sin fin del Altísimo ¡ahora mismo... todo creyente!: "Sino que os habéis acercado al monte de Sion, a la ciudad del Dios vivo, Jerusalén la celestial, a la compañía de muchos millares de ángeles" (Hebreos 12:22).

A medida que éstas y otras verdades de la palabra de Dios comenzaron a manifestarse, ¡se desencadenó algo! Repentinamente la congregación se percibió a sí misma bajo un nuevo aspecto ¡y se unió al coro angelical celestial! La verdad bíblica los había liberado para adorar con una sensación de privilegio y responsabilidad. Así, la falta de un coro formal se convirtió en un punto fundamental al liberarlos a todos para ser "el coro".

Los creyentes están aprendiendo a aplicar el poder del canto y de la adoración a su vida diaria. Esto está contribuyendo no sólo al surgimiento de hogares llenos de una santa felicidad, sino también hogares donde la presencia del reino de Dios excluye los esfuerzos del infierno de corroer la paz y la unidad de las familias.

Sin duda, parecía ser "un domingo más" ese en que los padres de Aimee, Mike y Cheri, estaban sentados con la congregación ese día hace más de diez años.

Mike y Cheri no podían tener hijos. Los exámenes médicos habían indicado que era sumamente improbable que pudieran alguna vez disfrutar del privilegio de ser padres, a menos que adoptaran algún bebé.

Yo, por supuesto, ignoraba este hecho, así como su ferviente deseo de poder concebir un hijo después de once años de matrimonio.

Ese domingo mi sermón se titulaba "La concepción y el parir de la vida". No era, en realidad, un mensaje en cuanto a tener hijos, sino sobre cómo vencer la esterilidad en los lugares desiertos de nuestra vida. Utilizando las palabras "Regocíjate, oh estéril" de Isaías 54 como mi texto, hablé del llamamiento de Dios a adorarlo y alabarlo aun cuando nuestra vida pareciera irremediablemente infructuosa. Fue entonces que se produjo algo muy especial. Mi comprensión de por lo menos una manifestación del don espiritual llamado "palabra de ciencia" (1 Corintios 12:8) es que el Espíritu Santo da a una persona tanto la comprensión sobrenatural como la correspondiente promesa de Dios con relación al asunto que se le revela. Mientras predicaba, hice una pausa, sintiendo la presencia y la instigación del Espíritu Santo.

— Iglesia — les dije —, necesito hacer una interrupción por unos momentos. El Espíritu Santo me está diciendo que hay aquí una pareja esta mañana que desea fervientemente tener un hijo, pero les han dicho que no pueden tenerlo. La palabra del Espíritu para esta pareja es la siguiente: "Llenen su hogar de cantos de alabanza, y al hacerlo, el poder generador de vida del canto creará una nueva atmósfera y dará paso a la concepción del hijo que ustedes desean."

Yo no pedí que alguien manifestara su situación personal, ni que respondiera a esa palabra del Espíritu. Más bien, seguí con el mensaje, olvidando básicamente el incidente hasta casi un año después cuando Mike y Cheri vinieron a mí con una bebé en sus brazos. Mike me recordó lo que yo había dicho acerca de aquella pareja que anhelaba tener un hijo.

— Pastor, nos fuimos a casa ese día a hacer lo que el Espíritu Santo nos ordenaba: llenamos de canciones nuestro hogar. Cheri y yo entrábamos tomados de la mano a todas las habitaciones de la casa, cantando alabanzas y adorando al Señor. Al decirle esto, queremos que usted sepa que esta bebé es el fruto de esos cantos, y que el Señor cumplió con su palabra dada esa mañana.

¿Puede usted imaginar cuánto me regocijé con ellos?

El nacimiento de esa bebé fue un fenómeno bendito, no el producto de los esfuerzos o del entusiasmo humanos. Fue el precioso fruto de la unión natural de una pareja que, hasta que el canto divinamente indicado por Dios entró en la situación, no había encontrado la fertilidad que anhelaban.

Me siento especialmente conmovido cuando recuerdo a aquella niñita de ocho años que se acercó hasta la puerta del oratorio y cantó "la canción que el Señor le había dado".

Ella fue el fruto de una canción, una canción que ahora estaba encontrando lugar en su juvenil existencia.

¿Quién sabe qué fertilidad producirá su canción con el paso de los años?

¿Quién sabe qué podrá traerle a usted una nueva canción?

Bill Hybels

Observando nuestros indicadores

De 125 personas en 1975 a una asistencia de más de 14.000 hoy, la Iglesia Comunitaria Willow Creek de South Berrington, Illinois, sigue siendo una de las iglesias de crecimiento más rápido bajo el liderazgo de su pastor principal Bill Hybels.

Yo quedé muy impresionado con Bill cuando él habló en la graduación de nuestra Escuela Internacional de Teología hace algunos años. Su mensaje fue profundo y el amor que tiene por nuestro Señor lo sentimos a través de su animadísima personalidad. Era evidente que Dios tenía grandes planes para Bill, y yo estoy profundamente agradecido por su penetrante y poderoso capítulo que aparece en este libro. Bill es autor de varios libros. Solicitado internacionalmente como orador, escritor y consultor Bill fue también capellán de los Osos de Chicago durante cinco años.

A pesar de un exitoso ministerio y de un estilo de vida disciplinado, Bill se encontró en cierto momento sin recursos emocionales. Relata aquí cómo hizo un descubrimiento sorprendente: que las cosas mundanas y comunes de la vida proporcionan un equilibrio saludable para ayudar a servir a Dios durante toda una vida.

☆ ☆ ☆

Durante casi los dieciocho años que he trabajado en el ministerio, me he vigilado de cerca en dos aspectos, observando dos indicadores en el tablero de mi vida.

Hasta recientemente pensaba que eso era suficiente.

En primer lugar, mantenía mi vista en el indicador espiritual, preguntándome a mí mismo: ¿Qué tal estoy espiritualmente? Separado de Cristo no puedo hacer nada. Lo sabía. No quiero que los esfuerzos de mi vida se consuman por haberlos hecho meramente a través del esfuerzo humano, maniobras ingeniosos o artimañas. Estoy aferrado al hecho de que debo actuar bajo el poder del Espíritu Santo.

Para mantener mi indicador espiritual en el punto en que debe estar, me he impuesto las disciplinas espirituales de llevar un diario, ayunar, tener períodos de aislamiento, sacrificarme y estudiar, entre otras. Estas prácticas clarifican los asuntos espirituales y proveen de combustible de alto octanaje para dar intensidad y fortaleza a mi ministerio.

En segundo lugar, he vigilado el indicador físico: ¿Qué tal estoy físicamente? Si le exijo demasiado a mi cuerpo, con el tiempo experimentaré agotamiento físico o complicaciones psicosomáticas asociadas con el estrés elevado. Y si no hago ejercicios, o no me alimento bien o descanso lo suficiente, le estaré dando al Señor aproximadamente sólo las dos terceras partes de la energía que potencialmente podría dar.

Puesto que estos dos indicadores, el espiritual y el físico —los únicos que tengo en mi tablero— han indicado siempre "sigue adelante", me he esforzado mucho y con la mayor rapidez posible. Pero recientemente una parte de mi motor comenzó a fallar.

Mientras preparaba una serie particularmente difícil de sermones, no podía lograr darle sentido al mensaje. Por mucho que me esforzara, me parecía que ninguna de las ideas valía la pena. De pronto me encontré sollozando con la cabeza sobre el escritorio.

Algunas personas más conscientes de sus sentimientos podrían haber sabido dónde estaba el problema, pero no yo. Por tanto, cuando dejé de llorar me dije:

— No creo que esto sea normal.

Entonces obligué a mis pensamientos a volver al sermón y me las ingenié para ensamblar algunas ideas que predicaría en el culto.

Pero la mañana siguiente, mientras escribía en mi diario, pensé:

— ¿Estoy fallando espiritualmente en alguna área? — Mis indicadores me decían que no.

— Físicamente, ¿estoy débil o cansado? — No, me sentía de lo mejor.

Entonces llegué a la conclusión de que quizás había llegado a la crisis de la media vida, una fase que uno no tiene sino que soportar. Pero cuatro o cinco incidentes similares en las siguientes semanas continuaron indicando que no podía seguir haciendo caso omiso de mi ansiedad y frustración.

Después de una vacación navideña que no cambió mis sentimientos, comencé a examinar seriamente mi vida. Conversé con varias personas de buen juicio y me di cuenta de que había pasado por alto un indicador importante: la resistencia emocional. Necesitaba un tercer indicador en mi tablero.

Poco a poco comencé a darme cuenta de que hay ciertas actividades que agotan mis reservas emocionales. Por ser pastor, llamo ahora AMI (Actividades Ministeriales Intensas) a estas experiencias.

Una AMI puede ser una confrontación, una sesión de consejería intensa, una sesión de enseñanza agotadora, o una reunión de directiva en cuanto a decisiones económicas importantes. Otra cosa que también me agota es preparar y predicar un mensaje sobre un asunto sensible que exige investigación y meditación extensa.

El denominador común de todas estas actividades es que nos agotan, aunque sea sólo por algunas horas. Pero, por no saberlo, no estaba consciente del intenso agotamiento que estaba experimentado.

Algo andaba mal. Necesitaba ese tercer indicador — el monitor emocional — para definir mi aptitud ministerial.

Ahora me he comprometido conmigo mismo a instalar un

indicador emocional en el centro de mi tablero y a aprender a leerlo. Ahora vigilo mis recursos emocionales para no llegar a ese punto de cansancio. ¿Cuáles son las señales que busco?

Si después de participar en alguna actividad pastoral me digo: "Ojalá que nunca más tenga que volver a hacer eso", es una señal de advertencia. Algo anda mal cuando veo a las personas como interrupciones o cuando veo al ministerio como algo rutinario.

Otro indicador es el siguiente: Mientras regreso a casa, ¿espero conscientemente que mi esposa no tenga ningún problema y que mis hijos no necesiten nada de mí? Esa es un señal que no puedo pasar por alto. Cuando tengo la esperanza de que las personas más apreciadas de mi vida puedan arreglárselas sin mí, esa es una señal de que hay un verdadero problema.

Una tercera comprobación para mí es la forma como enfoco las disciplinas espirituales. Yo acostumbro llevar un diario y escribir mis oraciones. Durante varios meses me encontré diciendo, día tras día: "No tengo la energía para hacerlo." Seguí escribiendo de todos modos, pero de manera más maquinal que auténtica. No me siento bien conmigo mismo cuando mi cristianismo es algo autodirigido.

Toda persona debe descubrir las señales de advertencia en cuanto a su propia vida. Pero después de una AMI, resulta útil hacerse ciertas preguntas, tales como: ¿Estoy agotado emocionalmente? ¿No puedo soportar la idea de tener que atender a alguna persona ahora mismo? ¿Siento el vivo deseo de hacer una larga caminata sin ningún destino en mente? ¿Estoy sintiendo la necesidad de marcharme a casa, ponerme a escuchar música y dejar que el Señor recargue nuevamente mis baterías emocionales?

El descubrimiento que hice después fue humillante. Descubrí que cuando mis reservas emocionales estaban bajas, no podía hacer sólo una pausa breve para volver a llenar el tanque. Abastecer de nuevo la fortaleza emocional toma tiempo, por lo general más tiempo que el utilizado para agotarse.

La mejor analogía que puedo ofrecer es la de una batería de automóvil. Si usted deja el motor de su carro apagado y usa todos sus accesorios — el radio, las luces, la calefacción, la bocina, los limpiaparabrisas, las ventanillas eléctricas — probablemente agotará la batería en aproximadamente diez minutos. Suponga que después lleva la batería a una estación de servicio y dice:

— Quisiera cargar esta batería. Regresaré a buscarla dentro de diez minutos.

¿Qué le responderían?

— No, vamos a ponerla bajo cargador toda la noche. Serán necesarias de siete a ocho horas para que esté cargada nuevamente.

La batería tiene que ser recargada lentamente, pues de otra forma resultará dañada.

De la misma manera, recuperarse bien de una actividad emocionalmente agotadora exige tiempo. Así pues, cuando observo que mi indicador emocional está bajo, me tomo el tiempo necesario para recargarme emocionalmente. Algunas personas logran recargarse corriendo, otras tomando un baño, otras leyendo, otras escuchando música. Por lo general, significa hacer algo totalmente sin relación con el trabajo ministerial. Pero lo importante es diseñar un itinerario de trabajo que deje tiempo suficiente para recargarse emocionalmente.

También he aprendido algo más en cuanto a conservar los recursos emocionales para el trabajo ministerial. La utilización de nuestro principal don espiritual nos restablece. Cuando uno ha identificado sus dones espirituales y los utiliza bajo la dirección de Jesucristo, siente la realidad de Dios y muchas veces uno se siente con más energías después que antes.

A la inversa, servir fuera de lo que es nuestro don tiende a agotarnos. Si alguien me pidiera que cantara, o que ayudara con la contabilidad, eso sería para mí algo sumamente difícil. No sentiría la realidad del Espíritu porque no estaría sirviendo con el don que he recibido ni tampoco haciendo el trabajo para el cual he sido llamado. Esta es la razón por la cual muchas personas saltan de uno a otro tipo de servicio cristiano: por no estar utilizando el don que tienen.

Sin darme cuenta, había dejado de utilizar mis mejores dones. Mi don mayor era el del liderazgo; y el segundo, la evangelización. Por debajo de éstos eran la enseñanza y la administración.

Para poder preparar debidamente mis mensajes, había descuidado poco a poco casi todas mis responsabilidades de liderazgo, y muy a menudo, en reuniones con los coordinadores de las actividades de la iglesia, o con el personal administrativo, estaba mentalmente ocupado de mi próximo mensaje. Por tanto, mi vida se consumía tratando de utilizar el don de enseñanza, que no era mi ministerio más fructífero ni el que me brindaba mayor satisfacción. No obstante, la gente siempre decía: "Fue un gran mensaje, Bill." Y yo equivocadamente permitía que sus opiniones frustraran lo que me aconsejaba mi juicio.

Desde que me percaté de esto, hemos puesto en práctica un método de enseñanza por equipos en la iglesia Willow Creek. Eso ha sido bien recibido por la congregación y me ha permitido proporcionar un mejor liderazgo en varios otros aspectos. Sería difícil explicar cuánto más realizado me siento ahora.

También he encontrado nuevas oportunidades para evangelizar. Hace poco me encontré con tres hombres en un aeropuerto. Uno de ellos era cristiano y los otros dos eran sus mejores amigos a quienes estaba tratando de conducir a Cristo. Mientras hablábamos, pude sentir al Espíritu Santo actuando. Después de terminar nuestra conversación, me fui corriendo a la puerta por donde abordaría mi avión y casi comienzo a llorar.

Me encanta hacer esto, pensé. *Esta es una parte tan importante de lo que soy. Antes conducía personas a Cristo, pero he estado preparando tantos mensajes en los últimos cinco años que me he olvidado de cuán emocionante es compartir a Cristo informalmente con las personas.*

Dios sabía lo que estaba haciendo cuando distribuyó los

dones para el servicio. Al ministrar de una manera de acuerdo con la manera que Dios nos hizo, encontraremos un nuevo amor por el ministerio.

Finalmente, el descubrirme emocionalmente agotado me recordó una lección que había olvidado: que todo líder cristiano tiene que encontrar el frágil equilibrio entre la participación en lo eterno y la participación en lo trivial, pues las cosas diarias de la vida proporcionan el contrapeso necesario a las verdades eternas.

Cuando comenzamos la iglesia en 1975, disponía de tiempo libre que utilizaba para practicar motociclismo, pilotear una avioneta, jugar al golf y esquiar. Además, tenía relaciones fuera de la congregación y otros intereses además de la iglesia.

Desde entonces, las necesidades de la iglesia pusieron a un lado, de modo inexorable, a estos pasatiempos terrenales. Me entregué totalmente a lo eterno. Acostumbro a levantarme temprano, y desde las cinco y media de la mañana hasta que termino exhausto a las diez y media de la noche, casi ningún momento de mi tiempo no está relacionado con algo eterno. Ya no hago ejercicios en un gimnasio público, sino que tengo un equipo en el sótano de mi casa. Mientras estoy usando la bicicleta estática, leo publicaciones teológicas. Cuando alzo pesas, escucho casetes cristianos o pienso en ilustraciones para mis mensajes. Es decir, lo eterno condicionaba la rutina diaria.

Espiritualmente yo estaba bien, pues había mantenido mis disciplinas y me esforzaba por obedecer a Cristo. Físicamente, también estaba bien, pues no me estaba exigiendo como para correr un maratón. Pero estaba totalmente agotado emocionalmente.

Estaba llenando mi vida hasta el máximo de todo lo que tenía que ver con lo eterno.

¿Qué había de malo en eso? Además del agotamiento emocional, me di cuenta de que había otros dos costos ocultos en tal estilo de vida centrado sólo en el ministerio.

Primero, si uno está dedicado sólo a las actividades espirituales, tenderá a ignorar la desesperación de las personas que están sin Cristo. Uno ya no está más en el mundo.

Luego, uno pierde la admiración por la iglesia, por la salvación, y por el hecho de ser parte de la obra de Dios. Uno puede llegar a estar tan sobrecargado de intereses eternos hasta el punto que ya no aprecia sus bellezas. De manera que, tener suficiente de las cosas de este mundo en mi vida me permite ver la inutilidad del mundo y lo maravillosa y deliciosa que es la vida cristiana.

Estoy convencido de que Dios quiere que yo viva para terminar la carrera que he comenzado. Sabiendo esto, mi meta es vigilar mis recursos espirituales, físicos y emocionales a fin de que pueda ministrar, por la gracia de Dios, durante toda mi vida. Ese es el desafío de todo líder cristiano. Vigilar estos tres indicadores — el espiritual, el físico y el emocional — juega un papel importante para alcanzar una larga vida.

D. James Kennedy

Despojándome del miedo

El doctor D. James Kennedy es el pastor principal de la Iglesia Presbiteriana Coral Ridge de Fort Lauderdale, Florida, y fundador y presidente de Evangelismo Explosivo Internacional, el cual enseña a los laicos en 105 países a compartir su fe en Cristo. Sus mensajes semanales son televisados a 33.000 ciudades grandes y pequeñas de los Estados Unidos y a cincuenta y siete otros países y territorios.

Jim ha sido desde hace tiempo uno de mis amigos predilectos desde que lo conocí cuando era un pastor joven hace muchos años. En esa época su iglesia estaba ubicada en un edificio junto a una estación de bomberos, y se sentaban en sillas plegables. No obstante, tanto él como los diferentes miembros de la congregación demostraban aun así una gran carga por llevar a las personas a Cristo. Yo he seguido el gran progreso de Jim orando por él, y siempre ha sido para mí de bendición escucharlo hablar por televisión.

Jim es autor de más de una docena de libros y en 1984 fue elegido Clérigo del Año por la organización *Religious Heritage of America* (Herencia religiosa de los Estados Unidos). Jim ha sido moderador de la Asamblea General de la Iglesia Presbiteriana de América durante el período 1988-1989.

Usted disfrutará de su relato en cuanto a cómo aprendió a hablar de Cristo a los demás. Sus ideas sobre la importancia y necesidad de capacitar para la evangelización se presentan aquí a través de sus divertidos encuentros con "The Hulk", el descomunal.

☆ ☆ ☆

Siempre que escuchaba hablar de algún pastor que se había destacado en la evangelización, me formaba un estereotipo de lo que parecía: un vigoroso extrovertido que agarraba a los hombres por las solapas y les gritaba:

— Hermano, ¿ya eres salvo?

Esa descripción de un evangelista, si se aplica a mi persona, es la cosa más ajena que yo jamás pudiera imaginar.

En realidad, siempre me he considerado una persona tímida, particularmente cuando trataba de evangelizar personalmente. Hablar a los demás de Cristo me resultaba extremadamente difícil. Si a duras penas podía decirle "Buenos días" a un extraño, mucho más difícil me resultaba hablarle de algo tan personal como la religión.

Pero sentí el llamado que me hacía Dios al ministerio, y por ello fui a un seminario, me gradué y luego vine a Fort Lauderdale, Florida, para comenzar una iglesia nueva. Yo era muy entusiasta y predicaba todo lo que tenía en cada sermón. No era mucho, pero daba todo lo que podía.

Mi equipo y yo reuníamos a unos cuarenta y cinco paganos de todo tipo en un almacén sin aire acondicionado, a las ocho y media de la mañana cada domingo. Y yo predicaba los más grandes sermones de la historia de la iglesia . . . escritos por Spurgeon, MacLaren, Lutero y Calvino.

Tan poderosa era mi predicación que en diez meses yo había convertido a esa débil banda de cuarenta y cinco personas en un poderoso ejército de diecisiete. Y desde mi punto de vista, me quedaban aproximadamente dos meses y medio de ministerio antes que la única persona a la que le estaría predicando sería mi esposa, que amenazaba con irse a la iglesia bautista calle abajo.

Por tanto, decidí probar algo diferente. Si la montaña no venía a mí, yo iría a la montaña. Visitaría a alguien y le proclamaría el evangelio en el lugar que se encontrara.

Yo tenía un argumento válido para justificar la razón por

la cual no acostumbraba hacerlo. Se trata de que siempre he sufrido de un severo padecimiento lumbar. Este miedo me corre por la espalda y por alguna u otra razón se conecta a mi mandíbula, lo cual me hace enmudecer en muchas circunstancias en las cuales algunos menos circunspectos que yo habrían abierto la boca.

Pero, a pesar de mi problema lumbar, decidí hacer las visitas. Tomé la tarjeta llenada con letra temblorosa por un visitante a la iglesia, que al parecer era una ancianita. Si no podía vencerla hablando, podría por lo menor ganarle corriendo, a pesar de mi problema lumbar.

Así, pues, un laico y yo tocamos a la puerta de este hogar y esperamos que nos abriera la ancianita de cabello canoso. Pero, en vez de ello, nos encontramos con la vista clavada en el ombligo de alguien sumamente diferente y muy descomunal: un Hulk. Éste tenía puesta una camiseta, tenía en la mano una lata de cerveza y apretaba un puro en su boca. Era precisamente mi tipo de persona, el tipo que yo había estado buscando para comenzar mi carrera de testimonio personal.

Entonces le dije:

— ¿Está en casa la señora Jones?

— No.

— Muchísimas gracias — dije entre dientes, cortésmente, mientras comenzaba a marcharme.

— ¿Qué quiere usted con ella? — exigió.

— Nada, nada en realidad. Bueno, se trata de que soy el pastor de la pequeña iglesia que está más abajo de esta calle. Su madre nos visitó el domingo pasado y sólo estaba reciprocándole la atención. Sólo dígale que vinimos a verla.

Entonces el tipo dijo una de las cosas más espantosas que jamás yo había oído salir de la boca de cualquier ser humano en una situación como aquella. De repente dijo:

— Pase.

¿Puede creerlo?

Entré en la sala con las rodillas temblando. Nos sentamos y tuvimos una esclarecedora y edificante conversación acerca del tiempo. Después hablamos de deportes. El hombre era un boxeador amateur. Me salí rápidamente de ese tema y pasamos a las noticias. Y después, nuevamente, al tiempo. Ya me estaba acercando a lo que me proponía.

El laico que me acompañaba me dijo:

— Atáquelo ahora.

— ¡Silencio, hombre! — susurré —. No sea que nos mate. Estoy preparando el terreno.

La realidad es que durante años había estado preparando el terreno, sólo que yo no estaba preparado de manera alguna.

Finalmente, muy desilusionado, le dije al hombre (que Dios me perdone) que había disfrutado mucho de la visita. Nos disculpamos y nos marchamos. ¿Y sabe una cosa? No pude ni siquiera mirar de frente a mi hermano laico durante todo el trayecto de regreso. No sólo la montaña no había venido a mí, sino que yo no era capaz de trepar siquiera una topera. Se trataba de una situación muy embarazosa.

Cuando volví a casa, oré ardientemente:

— Señor, ¿qué es lo que está pasando? Sin duda que todo esto es un gran error. Tú no me llamaste al ministerio para que fracasara miserablemente.

Entonces comencé a pensar si debía dejar el ministerio y ocuparme de otra cosa.

En esos días recibí una carta de un pastor de Atlanta que quería que yo — aunque usted no lo crea — tuviera una campaña evangelística de diez días. De veras, me quería para eso. Precisamente a mí, que casi había acabado con una iglesia. Ahora quería que fuera a hacer lo mismo a otro estado. "Si quieren problemas, para allá voy."

Saqué algunos de "nuestros" sermones y me dirigí al norte, feliz de alejarme del fracaso tenido en Fort Lauderdale. Cuando llegué, dije al pastor:

— Aquí estoy, listo para la campaña.

Él respondió:

— ¡Magnífico! Estarás predicando todas las noches.

— Maravilloso.

— Sin embargo, eso no será lo más importante.

De pronto, sentí que un escalofrío me corría por la espalda, mientras pensaba: *No, Señor, no dejes que éste me* diga lo que pienso que va a decirme ahora. Se parece a "esos evangelistas" que ya conozco.

Por cierto que así era. Él me dijo:

— Todas las mañanas y las tardes visitaremos las familias, y también algunas veces lo haremos en las noches después de los cultos. Así tendrás la oportunidad de testificar a estas personas cara a cara, frente a frente. Te he dejado a ti los casos más difíciles.

— Maravilloso — respondí lleno de confianza —. Realmente, a nosotros los evangelistas profesionales no nos gusta ocuparnos de casos fáciles sino que preferimos enfrentarnos a los tipos duros. Para decirlo sinceramente, en todo mi ministerio no me he ocupado sino de los tipos duros. Hay, sin embargo, un problema: vine a Atlanta a decirte que no voy a poder venir a la campaña por el entierro que tendrás que hacer si no me largo ya.

No, no fue eso lo que dije. Estaba atrapado y no sabía qué hacer. Regresé a mi habitación del hotel esa noche, me arrodillé y oré diciendo:

— Oh Señor, ¿qué voy a hacer ahora? Yo no sé testificar de ti a nadie.

¿Sabe lo que ocurrió? Nada. Por tanto, me postré sobre piso y oré por varias horas.

— Señor, ¡tienes que ayudarme! No sé hacerlo, y estoy absolutamente desesperado. Este hermano vendrá a buscarme en la mañana. ¡Tienes que hacer algo!

Y sucedió una cosa asombrosa. Amaneció. El pastor me recogió, llegamos a una casa y tocamos a la puerta.

Entonces se abrió la puerta. ¿Se acuerdan del descomunal Hulk de Fort Lauderdale? Se había mudado a Atlanta. Bueno, no fue así realmente. Se trataba de su primo más grande, creo. Mientras entrábamos, mi mente repasó rápidamente las noticias más recientes, los deportes y el tiempo. Entonces el predicador echó a perder la mañana entera.

— Bien, Hank — dijo el pastor muy satisfecho —, te traje a un evangelista profesional para que te hable de tu alma.

¡Y me señaló a mí!

Tragué saliva un par de veces, miré al pastor, y después

al Hulk. Pensé en el Señor, tratando desesperadamente de agarrarme de algo. Repentinamente me acordé de un versículo bíblico: "Haz aquello que temes." (Creo que eso está en 2 Eclesiastés 3:2). Así pues, fui al grano.

No habían transcurrido veinte minutos, y el tipo ya estaba . . . furioso. Cada vez se ponía más rojo, y cada minuto que transcurría yo estaba más blanco. De pronto, una ráfaga de iluminación me vino del curso Teología Sistemática 302B. Ese hombre evidentemente no era uno de los elegidos. Inmediatamente me sentí mejor.

Mientras tanto, mi amigo pastor había llegado a una conclusión muy diferente: que yo no era evangelista. En quince minutos él logró que el hombre se pusiera de rodillas y aceptara a Cristo. Eso era muy traumático para un teólogo en ciernes. El "no elegido" se convirtió justo frente a mis ojos.

Durante los diez días que duró la campaña, cincuenta y cuatro personas pasaron al frente. En cualquier noche, podría haber anticipado quiénes responderían al llamamiento porque ya había visto al pastor de la iglesia conducirlas a Cristo durante esa semana.

Para mí, esta fue una experiencia asombrosa, y se lo dije al pastor.

— Esto es absolutamente increíble. Vi a un asesino aceptar a Cristo; vi a una adúltera aceptar a Cristo. Y a personas de toda calaña. ¿Cómo es que has aprendido a hacerlo?

— Fue en esta misma campaña evangelística el año pasado — respondió —. Tuvimos a un evangelista de verdad. Me llevó a evangelizar con él y aprendí observándolo. Hace un año, yo tampoco sabía hacerlo.

Bueno, yo también había aprendido observando a este pastor. Pero había una interrogante que no me dejaba tranquilo, mientras volvía a casa: Esto funciona en Atlanta, el corazón de la zona más religiosa del país, ¿pero funcionará también en Fort Lauderdale?

Descubrí que aquí también funcionaba; que funciona en todas partes donde se ha puesto en práctica, tanto en los barrios céntricos de las ciudades como en las regiones rurales. Funciona en los Estados Unidos, en Canadá, en Inglaterra, en África, en Hong Kong, en Singapur y en Australia. Funciona porque no es otra cosa que los creyentes llevando el evangelio de Jesucristo a las demás personas, tal y como Él dijo que lo hiciéramos.

Comencé la evangelización personal en todas partes, y la gente respondió. Aproximadamente después de un año de estar haciéndolo, hice una pausa y me dije:

— Bueno, sólo me es posible alcanzar cierto número de personas.

¡Pero luego me vino una idea! ¿Por qué no enseñar a otros a hacer lo mismo? Así empezó realmente Evangelismo Explosivo.

Una vez llevé conmigo a un anciano que había sido cristiano por aproximadamente sesenta años. Él siempre había querido conducir a alguien al Señor y nunca sabía hacerlo. Me acompañó durante meses y meses, y yo pensaba que jamás me libraría de él, hasta que finalmente lo empujé sacándolo del nido. Y entonces comenzó a conducir a numerosas personas a Cristo.

También hubo otro hombre a quien tomé durante aproximadamente un mes. Después se marchó de vacaciones y la semana siguiente me llamó para decirme que había conducido a una persona a Cristo. Entonces oré: "Señor, esto sí que es. Esta es la manera de hacerlo."

No fue sino hasta que alguien me tomó de la mano y me sacó a evangelizar que comencé a vencer el temor enceguecedor que silencia a tantas personas en la iglesia. Esto fue lo que hizo Jesús. Llamó a los discípulos para que estuvieran "con Él".

Apreciado hermano, el mayor privilegio y la mayor responsabilidad que usted jamás tendrá en la vida es conducir a otra persona a Cristo, y equipar a los santos para que hagan el trabajo del ministerio como Cristo nos enseñó a hacerlo. Entonces descubrirá, como lo hice yo, que esa es la lección más importante que jamás aprenderá.

C. Everett Koop

La soberanía de Dios es mi mayor consuelo

El doctor C. Everett Koop, cirujano pediátrico de fama internacional, se desempeñó como Ministro de Salud Pública de los Estados Unidos de América entre 1981 y 1989. Actualmente sigue ilustrando a la sociedad en temas relacionados con la salud a través del "Instituto de Ciencia y Salud C. Everett Koop" y como presidente ejecutivo de la Cruzada Nacional en Pro de la Niñez.

El prestigio del doctor Koop como médico eminente y cristiano captó mi atención mucho antes que se convirtiera en Inspector General de Sanidad. Su amor por Cristo y su fiel y valeroso testimonio por Él me han sido de inspiración desde que nos conocimos hace muchos años.

En su relato, el doctor Koop nos cuenta la lección que aprendió a través de la muerte de su hijo. Su narración nos dará un sentimiento de seguridad al tener conciencia del perfecto plan de Dios para nuestra vida.

☆ ☆ ☆

Al llegar a los setenta y cinco años de edad, me parece que he aprendido muchas cosas. De manera que calificar a una de ellas como la más importante me lleva a mirar retrospectivamente muchas situaciones, sucesos y dilemas.

Sin embargo, puedo decir sin titubear que la lección más grande de todas ha sido aprender que tengo a un Dios soberano, que me ha hecho pasar por muchas pruebas, las cuales yo ciertamente no habría escogido para mí. Este Dios me ha enseñado una y otra vez que tiene un plan para mi vida, y que me sostendrá a través de las situaciones más duras y dolorosas con la ternura y ayuda que sólo un Padre celestial puede dar a su hijo terrenal.

La lección mejor grabada que aprendí en cuanto a que tengo un Dios que no comete errores, sucedió hace varios años cuando nuestro maravilloso hijo David, de veinte años, murió en un incidente repentino y absolutamente inesperado.

David era estudiante de penúltimo año en la Universidad Dartmouth de Nueva Hampshire. Se encontraba trepando por la superficie granítica de la Montaña del Cañón, justo por encima del Viejo de la Montaña, en el Desfiladero de Franconia. Entonces una gran losa sobre la que se encontraba se aflojó llevándose consigo a David, que cayó al precipicio. David se encontraba amarrado a la soga de un compañero, y cuando llegó al final de la cuerda se encontraba a muchos metros más abajo. Después de detenerse bruscamente en la caída, su cuerpo quedó meciéndose de un lado a otro como un péndulo, estrellándose contra la superficie del despeñadero. Su compañero lo bajó hasta un estrecho saliente, aseguró rápidamente la soga y luego descendió por su cuerda hasta David. Mi hijo tenía la rodilla derecha destrozada y murió desangrado en ese saliente montañoso, a pesar de los valerosos esfuerzos por parte de su compañero de resucitarlo mediante la respiración artificial. Se trataba de una lesión que no habría sido fatal para nadie de haber ocurrido en tierra y si se hubiera aplicado un torniquete para detener la hemorragia.

La noticia del accidente de David se supo en la universidad varias horas después, y entonces, en ese inolvidable domingo por la noche, el decano me llamó para darme la increíble noticia de que David había muerto. Nuestro dolor fue terrible.

Teníamos la fortuna de que dos de nuestros cuatro hijos vivían en casa, y el otro hijo y su esposa vivían a menos de dos kilómetros de distancia. No sabíamos dónde o cómo comenzar a hacerle frente a la situación. Por tanto, reuní a mi familia para orar e hice una oración que sólo el Espíritu Santo pudo haber inspirado, pidiéndole a Dios su íntima compañía y la ayuda que tan desesperadamente necesitábamos. Le di las gracias por haberse llevado a David a su lado y luego terminé pidiéndole que nos permitiera ver alguna bendición como resultado de esa tragedia que nos había causado un dolor indecible.

No sé lo que esperábamos de esa oración — aunque sí sé que no surgió normalmente de un padre con el corazón destrozado — pero todos sentimos una gran paz por saber que teníamos a un Dios soberano que todo lo tenía bajo su control.

Cuando un hijo se nos muere, la realidad de nuestra fe o bien nos sostiene y consuela, o se desmorona, si no está cimentada en un Dios fiel. En las semanas y meses, y aun en los años que siguieron después, vimos la mano de Dios actuando en las secuelas de nuestra pérdida.

La sola ausencia de amargura en nuestros hijos fue algo extraordinario. Ellos desarrollaron una mayor cercanía con el resto de la familia, cercanía que permanece hasta hoy, y cada uno de nuestros hijos se abrazó más a su fe en un Dios amante y soberano. ¿Qué mayor bendición podíamos esperar?

Uno de los mayores resultados fue nuestra capacidad de dejar atrás los "¿y qué tal si...?" y "si tan sólo..." con relación al accidente de David, es decir, ese predicamento tan frecuente que puede impedir todo el tiempo la recuperación de los padres y de los hermanos.

Como cirujano pediátrico, adquirí una nueva profundidad de empatía y comprensión cuando tuve que tratar con los padres a quienes se les estaban muriendo sus hijos. Sabían que yo les hablaba con conocimiento de causa cuando les decía: "Sé por lo que están pasando."

Aprender una lección implica por lo regular atravesar un proceso difícil, con emociones que van desde una ansiedad leve hasta la destrucción, dependiendo de la experiencia. Es muy cierto que crecemos y maduramos espiritualmente gracias a las adversidades, no cuando las cosas nos resultan fáciles. Esto, en un sentido, es cierto tanto para los cristianos como para quienes no lo son. Pero en tiempos de adversidad o de dificultades, el cristiano tiene la oportunidad de conocer a Dios de una manera especial y personal. Eso, naturalmente, exige que reconozcamos nuestra incapacidad de enfrentarnos con nuestras propias fuerzas a la situación. Es entonces que aprendemos que debemos confiar plenamente en la gracia y la misericordia de un Dios amoroso. ¡Y qué maravilloso es saber que tenemos a un Dios que sabe el final de todo desde el principio! ¡Que tenemos a un Dios que ha diseñado nuestra vida conforme a su perfecta voluntad! A veces pareciera que nos hemos olvidado de ese hecho tan importante.

La soberanía de Dios sigue siendo mi mayor consuelo en todas las cosas, pero la realización de su plan perfecto para mí y para mi familia cuando se produjo la muerte de David — nuestro mayor dolor — fue con toda seguridad la lección más grande que he aprendido en la vida.

Tim LaHaye

La decisión que me salvó la vida

Tim LaHaye es escritor, pastor, comentarista de radio y televisión y conferenciante sobre temas de la familia. Dios está utilizando a Tim para fortalecer a las familias en los Estados Unidos y Canadá a través de la enseñanza a las mismas de los principios bíblicos mediante la organización de la cual es fundador y presidente, *Family Life Ministries* (Ministerios sobre la vida familiar).

Tim y su esposa Beverly, fundadora del ministerio *Concerned Women of America* (Mujeres preocupadas por los Estados Unidos de América), han sido utilizados por Dios como lo han sido pocos para ayudar a despertar a los cristianos norteamericanos en cuanto a las responsabilidades que Dios les a dado en el gobierno, los medios de comunicación y la educación.

Actualmente Tim produce *Capital Report* (Informe capitalino), un programa radial de comentarios sobre hechos noticiosos que afectan a la familia, a los valores morales tradicionales y a la libertad religiosa. También es autor de muchos libros, entre los que se encuentran *El acto matrimonial* y *Temperamentos controlados*.

En este capítulo Tim narra su lucha por controlar su mal genio. El resultado lo emocionará y le dará nueva esperanza para enfrentar sus peores hábitos en el poder del Espíritu Santo.

✫ ✫ ✫

Escuchando al doctor Henry Brandt mientras presentaba su último mensaje en una Conferencia de Escuela Dominical de la Luz del Evangelio en el hermoso Campamento Cristiano *Forest Home*, se encontraba un pastor colérico-sanguíneo sumamente ardiente. Como es típico en ese temperamento, este pastor era un adicto al trabajo. Pastoreaba una iglesia que tenía un crecimiento dinámico y que dentro de un mes dedicaría un nuevo auditorio. Este pastor no tenía úlceras, sino ¡simplemente estaba escupiendo sangre!

El conferenciante no había hablado más de cuatro minutos cuando el joven pastor ya estaba rojo de ira, pensando que su esposa lo había invitado a venir a la conferencia para que el psicólogo cristiano pudiera predicarle: "Y no contristéis al Espíritu Santo de Dios. . . . Quítense de vosotros toda amargura, enojo, ira . . . y maledicencia. . . Antes sed benignos con otros, misericordiosos, perdonándoos unos a otros, como Dios también os perdonó a vosotros en Cristo" (Efesios 4:30-32).

El doctor Brandt estaba contando la inolvidable anécdota de otro joven pastor que se encontraba en medio de un programa de construcción en su iglesia y que estaba sangrando internamente con úlceras. Tres especialistas le habían dicho a ese pastor:

— No damos con su problema; usted necesita que lo vea un psiquiatra.

Por ser un pastor que confiaba en la Biblia, no quiso ir a ver a un psiquiatra secular, y por tanto visitó al doctor Brandt, "un psicólogo cristiano" cuyo consultorio quedaba a unos ocho kilómetros de distancia, e hizo tres citas. Cuando el doctor Brandt le preguntó con quién estaba disgustado, el pastor explotó porque el doctor Brandt había insinuado que él estaba disgustado. El pastor colérico-sanguíneo que escuchaba este relato captó el mensaje. A él sólo le faltaban unas pocas semanas para asemejarse al pastor con úlceras al cual se estaba refiriendo el conferenciante.

Por primera vez, este pastor dedicado, trabajador, que enseñaba la Biblia, se dio cuenta de algo en cuanto a sí mismo: ¡que él no era un verdadero hombre de Dios! Había tratado de serlo; amaba a Dios; disfrutaba sirviéndolo y había conducido a muchos a Cristo y a la iglesia; se había esforzado por mantener una mente moralmente pura. Pero ahora, por primera vez, se daba cuenta de que era un pastor carnal, que había entristecido muchas veces al Espíritu Santo por su mal genio.

Sus accesos de ira habían afectado su matrimonio, y sólo una esposa piadosa había podido aguantarlo durante esos años, y eso a costa de un gran sacrificio. En realidad, toda la familia le tenía miedo.

Pero ahora, por primera vez en toda su vida, se dio cuenta de su pecado y de cómo había limitado el uso que Dios podía hacer de su vida. Y ese es el primer gran paso en cuanto a la victoria sobre la ira: ¡enfrentarla como un pecado, no justificarla! Cuando el doctor Brandt terminó su mensaje, el joven pastor, que se hallaba bajo un profundo sentimiento de culpabilidad por su espíritu colérico, se dirigió al oratorio a orar. Pero al encontrarlo ocupado, se postró bajo un pino y se lo confesó todo a Dios.

Esta fue la primera vez que ese pastor estuvo conscientemente lleno del Espíritu Santo. ¿Saben cómo Dios se dio a conocer a este hombre? Como la paz. ¡Como una increíble paz! Por fin, la guerra que llevaba por dentro había llegado a su fin.

¿Cuánto cree usted que le duró aquello? ¡Dos horas y media!

Sólo hasta que un chofer irresponsable que conducía un auto deportivo rojo se le atravesó en la autopista y casi le destroza el carro. Al instante se puso rojo de ira. Pero luego reconoció que había perdido la paz, confesó su pecado a Dios de nuevo y recuperó la paz.

El primer día tuvo que repetir el proceso casi cien veces. El día siguiente, sólo tuvo que hacerlo noventa veces. Y después de muchos años, tales arranques de ira casi nunca volvían a suceder. En realidad, se le ha visto reír cuando alguien se le atraviesa en el tráfico, particularmente si se trata de alguien que conduce un pequeño auto rojo deportivo. Hoy día, ese pastor es otro hombre. Y si no lo cree, pregúnteselo a su esposa. En vez de toda una vida de conflicto conyugal, tienen una relación casi perfecta, gracias al ministerio del Espíritu Santo.

Cualquiera que conozca a ese pastor dirá que él es ahora una persona distinta. Puedo en realidad testificarlo porque, ¿sabe? ¡yo soy ese hombre!

La ira es un pecado sutil, particularmente de los hombres porque es algo que apela a su complejo "machista". La mayoría de los hombres piensan que la ira es una expresión de virilidad, ¡pero no lo es! Es más bien una expresión de orgullo egoísta, el pecado original, que no debe tener asiento en la vida de un cristiano. En la Biblia he encontrado veintisiete versículos que condenan la ira, uno de los cuales es Salmo 37:8: "Deja la ira, y desecha el enojo."

Alguien podría responder:

— Pero la Biblia justifica la ira.

Algunas personas me dicen:

— Jesús mismo se airó.

Sí, existe la ira justificada contra el pecado, pero Pablo define esta ira en Efesios 4:26 como una ira que no nos conduce a pecar. Esta es una ira que no se permite existir después que se ponga el sol, y aun así uno se cuida para no estar a merced de la tentación de Satanás. A esta clase de ira la llamamos "justa indignación". El Salvador Jesucristo estaba justamente indignado por la manera como los judíos profanaban el templo de Dios, y por tanto los echó fuera. Esta fue una ira objetiva por algo o por alguien aparte de sí mismo. Pero después, cuando injuriaron y persiguieron a Jesús, no se airó, sino que respondió: "Padre, perdónalos porque no saben lo que hacen" (Lucas 23:34). Esa clase de indignación no nos hace sangrar por dentro, ni nunca nos lleva a explotar de la ira. Es una indignación "justa".

La ira que condena la Biblia es la que la mayoría de nosotros enfrentamos cada día: la ira basada en el egoísmo. Alguien nos ofende o viola nuestros derechos, y respondemos con ira egoísta, un pecado que aflige al Espíritu Santo y nos predispone para la derrota espiritual.

El haber descubierto el hecho de que la ira "contrista al

Espíritu Santo" y que ella puede ser vencida, fue el descubrimiento más grande de mi vida. Enfrentar a la ira como pecado, y luego confesarla cada vez que levanta su horrible cabeza, ha cambiado mi vida.

Bailey Marks

Aprendiendo sobre la fe en una cama de hospital

El doctor Bailey Marks se desempeñaba como presidente de una prestigiosa y exitosa empresa cuando Dios lo llamó a él y a su esposa a unirse al equipo de Cruzada Estudiantil para Cristo en 1967. Ahora sirve como vicepresidente internacional de nuestro ministerio, y me produce una gran alegría y satisfacción trabajar codo a codo con él ayudando a llevar "la noticia más gozosa jamás anunciada" hasta los confines de la tierra.

En 1985, Bailey dirigió Explo '85, la conferencia mundial por satélite sobre evangelización y discipulado más grande de toda la historia. A través de dieciocho satélites se cubrió cada rincón del planeta, y más de 250.000 delegados de 164 países participaron durante una semana en instrucción sobre discipulado y evangelización. Pocos hombres de nuestro tiempo han sido tan poderosamente utilizados por Dios como lo ha sido Bailey para ayudar a alcanzar a tantos millones de personas para Cristo.

Usted se sentirá inspirado al saber cómo Dios utilizó una seria enfermedad para enseñar a Bailey a confiar en Dios hasta lo imposible, y cómo Bailey utilizó esta lección para planear esta conferencia mundial que muchos pensaron que no podría realizarse.

☆ ☆ ☆

— ¡Mira todas las cosas a las que renuncié para servirte

... y la manera como ahora me pagas!

Estos amargos pensamientos se movían furiosamente dentro de mí mientras yacía en una cama de hospital en San Bernardino, California en enero de 1969. Como director de Cruzada Estudiantil para Cristo de la región de Asia y Pacífico Sur, había regresado recientemente de un extenso viaje de dos meses a esa área bajo mi responsabilidad. Pero cuando regresé a casa justo antes de Navidad, me sentía muy enfermo. Poco sabía yo entonces que estaba muriendo lentamente, día a día, ya que mi hígado se estaba cerrando y endureciendo.

Tres años antes mi esposa Elizabeth y yo habíamos dejado una lucrativa posición de negocios para tomar una parte más activa ayudando al cumplimiento de la Gran Comisión a través de Cruzada Estudiantil para Cristo, una gran responsabilidad para un cristiano relativamente joven. Poco después que Elizabeth y yo estuvimos de acuerdo en que Dios quería que aceptáramos esa responsabilidad, caí enfermo.

Los médicos no podían diagnosticar mi problema, y por ello tuve que permanecer hospitalizado durante un mes, aislado durante dos semanas y media de ese tiempo. Todos los que me visitaban tenían que utilizar vestimenta quirúrgica, incluso mi esposa a la que sólo se le permitía visitarme treinta minutos diariamente.

Mientras yacía sobre la cama, actuaba como una persona muy espiritual. Todos los días recibía llamadas telefónicas y las personas terminaban la conversación diciéndome de cuánta bendición era yo para ellos. Pero un día no pude seguir manteniendo la fachada.

Después de colgar el teléfono, comencé a llorar. Solo, temeroso y echado en esa cama del hospital lejos de mi nuevo campo de servicio para el Señor — y muriéndome — no podía comprender por qué Dios me había fallado. Me sentía como un mentiroso y un hipócrita al brindar palabras de estímulo y de bendición a los demás cuando por dentro me sentía furioso y amargado contra Dios. Lo que no comprendía, por supuesto, era que me encontraba precisamente dónde Él quería que estuviera, y que estaba a punto de aprender una de las más grandes lecciones de mi vida.

Yo quería ser un hombre de fe. No había dejado mi trabajo secular para irme de juerga; quería hacer un impacto para Dios. Sin embargo, yo había estado fingiendo con Él. Pero ahora que mi atención estaba concentrada en Dios, comencé a reflexionar sobre las implicaciones de la fe en la vida del creyente.

Comencé a preguntarme: "¿Qué es la fe?", y me acordé de Hebreos 11:1: "Es, pues, la fe la certeza de lo que se espera, la convicción de lo que no se ve." Dicho en otras palabras, la fe es la confianza en la Palabra de Dios y en su fidelidad.

La fe no es algo accidental, ni ocurre por osmosis. Uno debe decidir intelectualmente si va a confiar en Dios en todas las situaciones de la vida y que hará todo lo que Él quiera que uno haga. Pero la decisión es siempre personal, y esa decisión exige un acto de nuestra voluntad.

El sinónimo de fe es creencia, es decir, creer en algo o en alguien hasta el punto de que uno sabe que harán lo que dicen que harán. Lo contrario es la incredulidad. Por alguna razón, yo pensaba que la fe requería alguna acción de mi parte, y que la creencia era pasiva y que no requería ninguna. Entonces, ¿qué de la incredulidad? Ésta, en mi opinión, exigía aun menos acción. Pero esto no era correcto.

Mientras leía el libro *God Unlimited* (El Dios que no conoce límites) escrito por Norman Grubb, vi una frase que nunca había notado antes: falta de fe. Entonces comencé a darme cuenta de que, si la fe exigía un acto de mi voluntad, igual sucedía con la falta de fe. Por tanto, en realidad, al no tener fe yo había decidido que no iba a creer que Dios solucionaría mi problema.

Finalmente comprendí que todo aspecto de mi vida — la fe o la falta de fe, la creencia o la incredulidad — exige una decisión intelectual de mi parte. La pregunta es: ¿Estoy dispuesto a poner mi confianza en Dios? A veces, debo admitirlo, subconscientemente no lo estoy. Entonces enfrento una lucha con los resultados que se traducen en desasosiego o ausencia de paz.

Para poder ejercer la fe, no obstante, debo enfrentar la realidad. En primer lugar, debo ser sincero conmigo mismo y con Dios, y reconocer mi falta de fe en la situación en que me encuentro. En segundo lugar, debo decir: "Señor, estoy dispuesto a creer en ti y en tus promesas".

Aquel día en el hospital, le dije al Señor que yo sabía que Él se preocupaba por mí; que Él sabía lo que era mejor para mí; y que yo estaba dispuesto a continuar estando enfermo y débil si esa era su voluntad.

Desde el momento que comencé a ser sincero conmigo mismo y con Dios, comenzaron a suceder algunas cosas. Mi condición espiritual cambió inmediatamente y mi condición física comenzó también a mejorar. Los médicos finalmente realizaron la operación y corrigieron el problema, y en vez de los seis meses a un año que debiera haber permanecido en cama según el criterio de los médicos, me encontraba viajando a los tres meses; en menos de un año, todos los de la familia nos mudamos al Oriente. Y he vivido los últimos veintitantos años maravillosamente bien con un hígado que no funciona perfectamente y con suplementos dietéticos.

Pero la enfermedad no es lo importante. Fue lo único que Dios me permitió tener para poder enseñarme una de las lecciones más importantes que jamás he aprendido: que la fe exige un acto de nuestra voluntad.

Desde entonces, no puedo calcular el número de veces que he tenido que aplicar esta lección. Inconscientemente, debe ser muchas veces al día; y he tenido conscientemente que poner en práctica la fe a través de incontables situaciones difíciles que han ensanchado mi fe, siempre con gran bendición.

En los trece años siguientes, he sido testigo de cómo Dios ha hecho muchas cosas maravillosas, una de las cuales ha sido ver a nuestro personal a tiempo completo en Cruzada Estudiantil pasar de noventa en nueve países a más de 2.700 en cuarenta y cuatro países. Yo creo que eso y mucho más sucedió porque decidí hacer de la fe activa algo predominante en mi vida.

En 1983, después de regresar a los Estados Unidos para permanecer en el país durante dos años, acepté el cargo que he tenido desde entonces, de vicepresidente de Ministerios Internacionales de Cruzada Estudiantil. Más o menos por esa fecha, me retó Bill Bright para planear una conferencia de capacitación mundial sobre discipulado y evangelización para aproximadamente 30.000 estudiantes; inmediatamente nos dimos cuenta de que el costo era prohibitivo.

Pero una conferencia mundial podría ayudar a acelerar nuestro ministerio a través del mundo. Por tanto, continué rogando al Señor su dirección, pero cuanto ésta vino yo no estaba preparado. De una manera nada común, el Señor me dio la visión de una conferencia mundial por satélite que llevaría la instrucción a miles de participantes en muchos lugares alrededor del mundo, en vez de traer a 30.000 a un solo sitio.

Hacer algo de esta magnitud involucraba una compleja tecnología que yo desconocía totalmente. Pero tenía la responsabilidad no sólo de la conferencia y de los aspectos relacionados con la trasmisión vía satélite, sino además del levantamiento de los fondos. Me sentía inquieto, asustado y preocupado por mi reputación personal si fracasaba el proyecto. Como hombre de fe había confiado en Dios en muchas cosas grandes, pero esto era algo *verdaderamente* grande.

De modo que no podía rehusar este reto, ya que habría sido falta de fe de mi parte. Por tanto, tuve que ser sincero conmigo mismo y decirle al Señor: "¡Socorro! Estoy asustado y lleno de dudas." Le dije que yo creía que aquello estaba de acuerdo con su voluntad y que yo ejercería fe en vez de falta de fe.

EXPLO '85 se convirtió en realidad en diciembre de 1985. ¡Más de 250.000 estudiantes y laicos — en vez de los 30.000 que habíamos pensado — participaron en la conferencia en noventa y tres lugares alrededor del mundo, y el costo de todo fue apenas una fracción de lo originalmente estimado! Cada día, todos estos lugares estuvieron interconectados por satélite, y ocurrió milagro tras milagro al bendecir el Señor la vida de los participantes.

Son numerosos los beneficios que experimentamos entonces y que continuamos viendo en Cruzada Estudiantil. Pero la clave estuvo en que ejercité mi voluntad para creer a Dios en fe.

Confiar en Dios en las situaciones difíciles no es todavía algo que me resulta fácil, pero mi oración al Señor es que yo sea siempre un hombre fuerte, valiente e intrépido que ponga en acción mi voluntad para creer que para Él nada es imposible.

Josh McDowell

Aprendiendo a ser un siervo a través de una experiencia dura

Como miembro de la familia de Cruzada Estudiantil para Cristo por más de veinticinco años, Josh McDowell es hoy uno de los más elocuentes y populares conferenciantes de jóvenes. Josh nos es muy querido tanto a mí como a los miles que formamos parte del equipo de trabajo de Cruzada Estudiantil y a millones de estudiantes y laicos. Ciertamente es uno de los hombres que Dios ha ungido para los tiempos que vivimos.

Josh es autor o coautor de más de cuarenta libros, y ha sido presentado como el personaje central de veintiséis películas, de dos programas especiales de televisión, de una serie de televisión en capítulos, y de un programa semanal de radio.

Su libro *Crisis sexual* ha sido usado por Dios para hablar a millares de jóvenes que han buscado una respuesta bíblica a sus preguntas en cuanto al sexo.

Además, dos de sus libros: *Evidencias que exigen un veredicto* y *Más que un carpintero*, se han convertido en clásicos modernos en cuanto a la defensa de la fe cristiana.

Josh nos cuenta en su relato la manera como él le hizo frente a su resentimiento para aprender el significado de ser un siervo. Cada uno de nosotros podrá identificarse con las dolorosas lecciones que él tuvo que aprender. Usted disfrutará de la lectura en cuanto a cómo él llegó a aceptar finalmente el papel de un siervo.

✯ ✯ ✯

Yo me sentía muy poco apreciado. Una vez más me habían dado la responsabilidad de encargarme de la alimentación de los estudiantes que participaban en una conferencia de un día en cuanto a cómo evangelizar. ¿Ha hecho usted alguna vez mil emparedados de mantequilla de maní y jalea? Cuantos más preparaba, tanto más enojado me sentía. En mi frustración, metí el folleto de *Las cuatro leyes espirituales* dentro de varios emparedados que había hecho, entre la mantequilla de maní y la jalea.

Yo quería ser utilizado por Dios, y mi sueño era ser un conferencista itinerante. ¡Cuánto deseaba enseñar su Palabra!

Me había graduado en el Seminario Teológico Talbot, había formado parte durante cuatro años del personal de Cruzada Estudiantil y todavía no había dado ni una conferencia ni enseñado un seminario. Lo único que había hecho hasta ahora era trabajo administrativo y atender la mesa de venta de libros. Cuando el equipo de Cruzada Estudiantil llevaba a los estudiantes a evangelizar en las playas debía encargarme del transporte y de hacer todos los emparedados.

Nadie parecía darse cuenta de lo que yo era: un egresado de un seminario y conferenciante. No se daban cuenta de lo que tenían, pensaba yo. De modo que un sentimiento de resentimiento surgió en mí contra Cruzada Estudiantil.

Pero un buen día llegó mi momento de gloria: ¡recibí una llamada de Ted Martin, del Instituto de Estudios Bíblicos de Cruzada Estudiantil pidiéndome que diera algunas conferencias en el Instituto ese año! Había pasado de ser nada a serlo todo, en un santiamén.

Me preparé cuidadosamente durante casi seis meses y planeaba enseñar una serie de conferencias basadas en el libro de Romanos. De modo que, cuando se aproximaba la fecha para estar en el Instituto tenía un montón de notas y materiales y esperaba con ansiedad esta oportunidad de enseñar.

Pero una semana antes de ir al Instituto, recibí una llamada de Bill Bright desde California.

— Este es un año especial para nosotros en cuanto a la capacitación de nuestro personal en Arrowhead Springs — me dijo —. Es nuestro año internacional y tendremos allí el mayor número jamás reunido de los que trabajan para Cruzada Estudiantil. Josh, la administración del hotel en que nos reuniremos está teniendo problemas y necesito tu ayuda. Hazme el favor de comenzar a hacer preparativos ahora mismo. Me gustaría que estés aquí dentro de tres días y te encargues de nuestro personal de los meses de vacaciones.

Se hizo entonces una pausa en mi lado de la línea telefónica. Yo esperaba enseñar en el Instituto de Estudios Bíblicos. *En que mal momento llegaba su llamada. ¡No quiero ir!* pensé.

— Josh, te necesito — repitió Bill Bright.

— Está bien, allí estaré.

Con enojo, mezclé mi ropa con los libros y los metí en el auto. Durante todo el trayecto a California iba echando humo y mi actitud no había mejorado cuando llegué.

Mi tarea consistiría en supervisar a un equipo de treinta personas de Cruzada Estudiantil y ocuparme de todo lo referente a la atención de casi 1.700 personas provenientes de todas partes del mundo. Los primeros días trabajé durante toda la noche ocupado en lo que serían los procedimientos y la organización, tratando de establecer un plan administrativo básico en cuanto a la logística de los centenares de personas que llegarían procedentes del exterior.

Pero mi inexperto equipo no bastó para esas 1.700 personas que llegaron, muchas de las cuales tenían dificultades con el idioma inglés. Algunas de ellas tenían ciertas costumbres en cuanto a alimentación y alojamiento que diferían con los planes cuidadosamente hechos por nosotros. Y para empeorar las cosas, los equipos del hotel fallaban cada cierto tiempo... nunca cuando resultaba conveniente y siempre cuando causaban aún mayores problemas.

Finalmente ocurrió la proverbial gota que derramó el vaso

al desatarse un terrible brote de disentería. La enfermedad se propagó en escasos dos o tres días a prácticamente todo el mundo, lo cual determinó que hubieran filas de personas en todos los sanitarios, que fueron utilizados más allá de su capacidad y al final resultaron dañados.

Y yo mismo estaba — con cubo, estropajo y desatascador — limpiando todos los sanitarios, ya que el resto del personal estaba o bien enfermo u ocupado preparando comidas y en otras tareas.

Yo también me encontraba enfermo, pero no tenía tiempo de pensar en ello, ya que había que limpiar cada sanitario del hotel y de los demás edificios dos veces al día. De modo que me mantenía trabajando de veinte a veintidós horas al día, y sólo podía dormir brevemente entre dos y tres horas cada noche.

Todo, sin embargo, se estaba llevando a cabo; pero yo no había podido asistir ni siquiera a una sola conferencia para escuchar a algunos de los famosos oradores mundiales invitados para la ocasión. Sin embargo, pude conocer a uno de ellos.

Un día, después de haber terminado de limpiar los inodoros del segundo piso y de llenar el cubo lleno de agua limpia, tomé un desatascador y descendí por la escalera hasta el vestíbulo del hotel. Aquí me topé con Bill Bright, quien acompañaba a Billy Graham en un recorrido por las instalaciones del hotel.

— Ah, doctor Graham — dijo Bill, haciéndome señas de que me acercara —, me gustaría presentarle a nuestro director en Canadá, Josh McDowell.

El espigado evangelista sonrió amablemente y me extendió la mano. Mi sueño se había vuelto realidad, y yo no iba a perder la oportunidad, por lo menos, de estrechar su mano.

Torpemente me coloqué el desatascador bajo el brazo, tomé el cubo de agua con mi mano izquierda, me limpié la mano derecha con mi camisa, y tímidamente di un apretón de manos a Billy Graham.

Mientras se marchaban, Bill Bright dijo:

— Bueno, nuestro personal son personas muy consagradas, dispuestas a hacer cualquier cosa.

Yo quería gritarles por detrás:

— ¡Yo no estoy dispuesto!

La tarde siguiente terminé finalmente de pasar la aspiradora por la nueva alfombra del vestíbulo, que era mi última tarea antes de poder ir a escuchar al doctor Graham. Por fin podría participar en una de las reuniones que habían sido tan estimulantes para los demás.

Entonces Bill Bright llegó corriendo de prisa.

— Ven acá, rápido — y entonces señaló la alfombra que se había limpiado.

A todo lo largo de la alfombra se veían las marcas de pisadas. El estacionamiento de vehículos acababa de ser asfaltado y alguien evidentemente había pasado por sobre el asfalto espeso y pegajoso.

— Consigue algo... algo para limpiar, algunos trapos. Apresúrate y límpialo antes que se seque.

Me tomó toda la tarde y la mayor parte de la noche limpiar el asfalto, ya que cuanto más disolvente ponía en cada mancha, más grande se volvía. Eso, a su vez, exigía estregar más, y estregar fuerte.

Uno del personal de la Cruzada se acercó a mí justo cuando terminaba y me hizo una broma, diciendo:

— ¡Limpia más duro, esclavo! Todavía estoy viendo algunas manchas!

Él estaba bromeando, pero yo obviamente no estaba de humor para la broma. Yo ya estaba listo para renunciar. Me puse de pie, enojado, dispuesto a tirar la lata del disolvente en el mostrador de la recepción del hotel y renunciar a gritos. Pero, por alguna razón, contuve mi deseo.

De pronto, me di cuenta de lo incorrecto de mi actitud. Nadie estaba realmente tratando de hacerme sentir mal. Lo que ocurría era que yo había traído conmigo una actitud de amargura desde Canadá.

En ese momento me acordé del pasaje bíblico que había leído en mi momento devocional de esa mañana referente al lavado de los pies que hizo Jesús a sus discípulos, y el pensar en ello me traspasó. *Si Jesús pudo lavar los pies de los apóstoles, ¿por qué no puedo yo lavar los pisos y limpiar los inodoros de los que participan en la reunión?* Aquello constituyó una lección inmediata en cuanto a sumisión.

Esa noche oré al Señor que me diera la gracia de ser un verdadero siervo de Cristo. Me di cuenta de que antes de ser un líder era necesario que aprendiera a ser un seguidor. Y el día siguiente comencé un nuevo patrón de servicio, esmerándome por ocuparme de cosas que necesitaban hacerse y trabajando más esforzadamente y durante más horas que todos los demás. Era algo que quería hacer como un servicio para Cristo para compensar mi mala actitud. Y durante las siguientes semanas limpié pisos y limpié fervorosamente.

Este espíritu dispuesto no pasó inadvertido para los demás, y Bill Bright expresó comprensivamente:

— Dios puede enseñarnos muchas cosas cuando asumimos el papel de siervos. Cuando dábamos inicio a este ministerio, hubo tantas cosas valiosas que tuve que aprender lavando platos, plantando flores, cortando la grama, y hasta — ¿por qué no? — limpiando letrinas.

Era difícil continuar con la pesada responsabilidad que significaban las seis semanas de entrenamiento del personal internacional de Cruzada Estudiantil, y debido al mucho trabajo, a la falta de sueño y a mi enfermedad, perdí más de diez kilos de peso.

También me resultaba difícil calcular el progreso que había hecho en mi búsqueda de sumisión y de la actitud de un siervo.

Mi primera pregunta era: *¿Qué puede una persona aprender a través de su servicio como siervo?* ¿Estaba Bill Bright meramente tratando de parecer espiritual diciendo que Dios nos enseña a través de la sumisión?

Luego, me decía: *Claro, el Señor dijo: "Los postreros serán primeros", pero ¿no sería mejor que uno utilizara sus capacidades para Dios en una posición de liderazgo agresivo?* Yo pensaba que a la iglesia le hacían falta líderes capaces y me *preguntaba si estaba bien que estuviera siempre en el papel de subordinado.*

Pero todo lo que había oído de líderes cristianos, más lo que había leído en cuanto a este tema en la Biblia, apuntaba hacia esa primera convicción: que Dios honra al siervo y llama a las primeras posiciones a quienes están dispuestos a cederlas a otros.

Por ser algo que no se aprende fácilmente, la lección de la sumisión es una lección que hay que aprender constantemente.

Patrick M. Morley

El Dios que nos conviene frente al Dios que es

Pat Morley se convirtió en alguien muy querido por mí hace varios años cuando tuve la oportunidad de hablar en un Desayuno de Oración del Día de Acción de Gracias en Orlando, Florida, un evento anual en el cual él ha servido como presidente desde que se inició en 1978. Pat es un destacado líder empresarial y comunitario que lleva a cabo un estudio bíblico semanal en el que participan 125 ejecutivos importantes.

Pat fundó la empresa Morley Properties Inc. que creció hasta convertirse en una de las cien principales empresas privadas del estado de la Florida. Ha recibido varias distinciones, entre ellas la de haber sido nombrado un Joven Destacado de los Estados Unidos de Norteamérica por los Junior Citizens, una de las grandes organizaciones cívicas nacionales del país.

Estoy particularmente impresionado por el deseo de Pat de buscar primeramente el reino de Dios. Recientemente anunció que él y su esposa Patty se apartarían del mundo empresarial para dedicarse a tiempo completo al ministerio cristiano.

Pat ama sinceramente a Cristo, y he tenido el privilegio de verlo actuar como empresario inteligente y hábil en su papel de miembro valioso de la Junta Directiva de Cruzada Estudiantil para Cristo.

Al leer su relato, usted sabrá cómo trató él de que la Biblia encajara dentro de sus propios planes, y cómo descubrió los desastrosos resultados de ser un cristiano cultural en vez de un creyente bíblico.

☆ ☆ ☆

La silenciosa calma de la oscuridad que precedía al amanecer llenaba nuestro hogar mientras yo caminaba de puntillas a través de la casa. Después de tomar asiento en la mesa de la cocina, comencé a leer la nueva Biblia que mi esposa me había regalado. Yo disfrutaba grandemente de esos momentos en que me sentaba solo y en completa quietud para leer, pensar, estudiar y meditar.

Pronto comencé a subrayar los pasajes que particularmente me gustaban, aquellos que parecían favorecer la dirección en la cual estaba manejando mi vida; y cuando encontraba tan deliciosos bocados de las Escrituras, los memorizaba.

Asimismo, cuando encontraba un pasaje bíblico que no encajaba con mis planes, sacaba un gran borrador mental y tachaba figuradamente el versículo de la página.

Una mañana descubrí un texto particularmente perturbador: "No seas de aquellos que se comprometen, ni de los que salen por fiadores de deudas. Si no tuvieres para pagar, ¿por qué han de quitar tu cama de debajo de ti?" (Proverbios 22:26,27).

Esta no era la verdad que yo estaba buscando. En realidad, seguir ese principio significaba ponerle fin a todos mis planes. Yo estaba construyendo una empresa de bienes raíces y todo el mundo sabe que eso no es posible si uno no se mete en hipotecas. Eso exigía un riesgo personal, lo cual significaba que todo lo que yo tenía respaldaba el pago de la deuda, no sólo el valor de la propiedad por la cual había recibido el dinero en préstamo.

Traté, por tanto, de suavizar por todos los medios el significado de esos versículos. Bueno, este no es un mandamiento, dije, *sino sólo un principio... No dice que me "quitarán" la cama; esto sólo ocurriría si no pudiera pagar. Yo soy más inteligente que el promedio de la gente común... Por tanto, podré pagar. Esto, además, se aplica a un lugar y* tiempo diferente. Nuestras leyes no permiten que uno lo pierda todo, hasta mi cama. Así que los riesgos son diferentes hoy.

¡Ay, cuánto deseaba no haber visto jamás ese versículo que me torturaba la mente! Dios me había hablado directamente, pero los mejores tratos en cuanto a bienes raíces parecían exigir un riesgo personal. Entonces un día, cuando mis defensas estaban bajas, crucé la línea e hice un compromiso de dinero. A partir de aquí, el firmar compromisos se volvió para mí algo de rutina.

Pero todo el problema estaba, por supuesto, en que mi perspectiva estaba centrada en mí, no en Dios, y en vez de preocuparme por descubrir los planes de Dios, yo estaba tratando de manera entusiasta de ayudar a Dios a descubrir los míos.

Mirando retrospectivamente, veo con qué facilidad me deslicé a esta manera de pensar . . .

Cuando me hice cristiano, sinceramente recibí a Cristo como Señor y Salvador. Sin embargo, de muchas maneras lo que hice fue "añadirlo" a mi vida como otro interés en mi ya ocupada y sobrecargada agenda. Confieso que muchas veces yo estaba más interesado en los beneficios de Jesús que en Jesús mismo.

Lentamente comencé a darme cuenta de que no existía una verdadera correlación entre mis creencias y mi conducta. Yo parecía ser cristiano en espíritu, pero secular en la práctica la mayoría de las veces. No me interprete mal; yo estaba sinceramente tratando de ser una persona moral y honrada. Oswald Chambers dio en el clavo en cuanto a mi problema cuando escribió: "La mayoría de las personas tienen su moralidad bien afirmada, pero no tienen ninguna idea de la necesidad del evangelio." Pero yo tenía la persistente sensación de que algo no andaba bien en mi vida. Yo estaba tratando de nadar y guardar la ropa. Estaba viviendo con una perspectiva cristiana parte del tiempo, pero siempre hacía planes, establecía prioridades, resolvía problemas y hacía decisiones de maneras que reflejaban un pensamiento secular.

En otras palabras, yo había hecho un sincretismo en mi vida. Le había añadido valores y creencias cristianas, pero no le había restado el pensamiento secularizado. ¿Cuál había sido el resultado? Que tanto las ideas cristianas como las seculares estaban compitiendo por el control de la manera como yo tomaba mis decisiones.

Para decirlo de otra manera, me había convertido en un cristiano cultural. Seguía al Dios que me convenía, pero no conocía realmente al Dios que es. Quería que Él fuera un abuelo bondadoso que me consintiera y me dejara hacer lo que yo quería. Me encontraba siguiendo al Dios que había subrayado en mi Biblia. En resumen, había creado un quinto evangelio: Mateo, Marcos, Lucas, Juan y Patrick.

Para ser franco, yo no pretendía intencional o conscientemente reeditar la Biblia con mi propia versión. Sin embargo, sutilmente, con el tiempo, diciéndome mentiras a mí mismo y a través de acomodos, quería forzar la palabra de Dios (como en el pasaje del libro de Proverbios que hablaba de no meterse en deudas) a adecuarse a mis planes.

Toda mi vida giraba en torno al principio de primero hacer planes y después orar. En otras palabras, sabía a dónde iba y me esforzaba diligentemente para echar adelante mis planes y después trataba de obtener el visto bueno de "arriba".

Pasaba por alto, pues, el mandamiento bíblico de Jesús que dice: "Si alguno quiere venir en pos de mí, niéguese a sí mismo, y tome su cruz, y sígame" (Mateo 16:24). En vez de ello, era poco lo que me negaba a mí mismo.

Un día se me ocurrió que sencillamente no había mucha diferencia entre mi estilo de vida y el estilo de vida de los que no pretendían tener a Cristo en su vida, y comencé a despreciar mi vida, ya que en vez de ofrecer esperanza a un mundo enfermo y sufriente, estaba dedicando mis energías a mis propios planes, los planes que había diseñado para que me permitieran estar en el centro del escenario durante un breve tiempo.

Deseaba cambiar mi vida, ser sal y luz. Pero un caldero de ambiciones egoístas borbotaba y hervía dentro de mí. Al igual que en la lucha de la cuerda, las ambiciones me arrastraban en otra dirección. Así que, durante varios años luché diariamente con la transigencia que se había infiltrado en mi vida.

Entonces un día me asaltó una gran idea: Hay un Dios que nos conviene, y hay un Dios que es, pero no son el mismo Dios. Nada de lo que pensemos, digamos o hagamos puede convertir a Dios en alguien que no es. Dios es quién es, y es inmutable al proclamar: "Porque yo Jehová no cambio" (Malaquías 3:6).

Una mañana a comienzos de 1986, la verdad finalmente hizo conexión con mi cerebro: "El mundo pasa, y sus deseos; pero el que hace la voluntad de Dios permanece para siempre" (1 Juan 2:17). Así, pues, después de dos años y medio de estar luchando para entender lo que me había sucedido, me rendí a Dios. Entonces escribí en la primera hoja de mi Biblia: "Quiero pasar el resto de mi vida terrenal haciendo la voluntad de Dios." Este fue el punto crucial de mi vida.

La lección que aprendí es profundamente sencilla y es ésta: Cuando dejamos de buscar al Dios que nos conviene, podemos comenzar a buscar al Dios que es. Jeremías lo dice: "Me buscaréis y me hallaréis, porque me buscaréis de todo vuestro corazón. Y seré hallado por vosotros, dice Jehová" (Jeremías 29:13,14).

Este punto decisivo fue mi decisión activa de dejar de ser un cristiano cultural para convertirme en un cristiano bíblico. Y este compromiso incluye la decisión de acercarme a la Biblia objetivamente, en vez de buscar evidencias que apoyen las decisiones que ya he hecho. Es la decisión de primero orar, y luego hacer planes. Esta es la lección más grande que he aprendido.

Lloyd J. Ogilvie

El secreto del verdadero poder

El doctor Lloyd J. Ogilvie es el pastor de la histórica Primera Iglesia Presbiteriana de Hollywood, California, la iglesia donde yo recibí a Cristo como mi Señor y Salvador hace más de cuarenta y cinco años. Él es el presentador del ministerio radial y televisivo nacional *Let God Love You* (Permita que Dios lo ame). Este programa comenzó hace doce años en una estación de televisión en Los Ángeles y ahora se ve en todos los Estados Unidos en estaciones independientes y por cable.

El doctor Ogilvie es autor de muchos libros, entre los que se hallan *Señor de lo imposible* y *La zarza sigue ardiendo*.

El doctor Ogilvie es muy solicitado como orador de convenciones, conferencias y retiros espirituales tanto de pastores como de laicos. Es verdaderamente uno de los siervos ungidos y llenos del Espíritu Santo de Dios, que siempre ministra a mi corazón cada vez que lo oigo hablar.

Aquí el doctor Ogilvie nos cuenta cómo captó una visión de lo que un cristiano está llamado a ser. Este secreto le dio un nuevo valor y gozo que transformaron dramáticamente su ministerio.

★ ★ ★

Era el último día de un largo y aislado retiro de verano que había tomado en una playa solitaria después de mi primer año como pastor de un iglesia presbiteriana. Tomé un palo y escribí en la arena de la playa todas mis necesidades, anhelos y fracasos. Después garabateé una lista de los tristes resultados de una vida y de un ministerio sin poder. Y aunque esto ocurrió hace muchos años, puedo recordar ese momento como si hubiera sucedido hoy mismo . . .

Había sido cristiano por ocho años, y después de haber terminado mis estudios del seminario y de posgrado, comencé mi ministerio como pastor ordenado. Mi predicación era bíblicamente sana y cristocéntrica, y enseñaba buena teología reformada ortodoxa. Como un hombre "en Cristo", yo sabía que había recibido la salvación a través del don de su muerte y resurrección. Sabía que había sido perdonado, que la muerte no tenía ningún poder sobre mí y que viviría para siempre. Trataba de seguir a Cristo lo mejor que podía, y sin embargo, todavía tenía un problema.

Pocas vidas habían sido estimuladas o transformadas como resultado de mi ministerio. Algo andaba mal; algo estaba faltando. Por depender de la energía, de los talentos y de la personalidad humana, carecía de poder para llevar adelante un ministerio sobrenatural. La popularidad y el éxito exterior no satisfacían mis retortijones de hambre espiritual interior: la necesidad real y las ansias de un poder auténtico. Como resultado, estaba agotado y frustrado.

Esto era lo que había motivado mi retiro solitario. Estaba a solas con Cristo y Él me había guiado a pasar el tiempo estudiando el Evangelio según San Juan, capítulos 14, 15 y 16, además de la Epístola de Pablo a los Colosenses.

Una y otra vez tropezaba con las palabras del Señor: "Porque separados de mí nada podéis hacer" (Juan 15:5). Estas palabras contradecían mi agresiva y presuntuosa inclinación a depender del poder humano. Repetidamente leía la promesa de Cristo de que Él haría su morada en mí, y ansiaba experimentar su presencia. Entonces leí estas palabras en Colosenses: "Cristo en vosotros, la esperanza de gloria" (Colosenses 1:27). Estas palabras me sonaron como el sonido de una trompeta.

"¡Eso es!" exclamé. De repente, había captado la visión de lo que un cristiano está llamado a ser: la morada del Cristo resucitado.

Durante esos días, el secreto del verdadero poder se volvió una realidad para mí: El Cristo preexistente, que reina, y que es omnipotente, es también el Señor que mora en nosotros. La gloria prometida era una manifestación de Cristo en mí, un trasplante de personalidad de manera que yo pudiera ser como Él en actitudes, acciones y reacciones. Entonces una convicción liberadora se apoderó de mi mente: *El cristianismo no es sólo la vida como la vivió Cristo; es más que mi vida en Él; ¡es Cristo viviendo en mí!*

Yo había leído esos pasajes bíblicos antes. ¿Cómo era posible que me hubiera perdido la experiencia de estas promesas? El Señor quería la entrega de todo lo que había en mí: mi mente, alma, voluntad, y cuerpo, para ser de Él. Fue necesaria esa crisis de falta de poder para que estuviera preparado para recibir lo que ya se me había ofrecido desde el principio.

Me puse de rodillas y le pedí a Cristo que ocupara mi vida entera. Oré así:

— Señor, no había descubierto el secreto. Había estado pastoreando para ti y no te había permitido obrar a través de mí. Ven a vivir tu vida en mí. Estoy vacío y necesito ser llenado por ti. Ama a través de mí; sirve a través de mí; predica a través de mí; dirige a través de mí. Todo lo que soy o espero llegar a ser, lo rindo a ti.

Entonces la presencia de Cristo inundó todo mi ser, desde la punta de mi cabeza hasta las plantas de mis pies. Me sentí amado, perdonado y con poder. No sé cuánto tiempo estuve de rodillas, pero debe de haber sido mucho ya que cuando me levanté la marea había borrado todo lo que había escrito en la arena.

Regresé a casa convertido en una persona diferente, liberado de mis esfuerzos compulsivos de tratar de ganar méritos ante el Señor. La experiencia había llenado de nuevo las partes resecas de mi alma que habían mantenido a mi vida cristiana en una permanente derrota. El Cristo que moraba en mí me había dado todo lo que yo antes había trabajado tanto para lograr, tanto había estudiado para comprender y tanto había luchado para alcanzar. Ahora era libre para amar sin restricciones y sentía un nuevo arrojo y un gozo exuberante que no podía contener.

Uno de los más grandes cambios fue en mi predicación. En vez de depender sólo del talento, la retórica y la erudición humana, experimenté una sabiduría más allá de mi comprensión, un conocimiento más allá de mis estudios y un discernimiento más allá de mi percepción. Estaba maravillado. Sólo Cristo podía darme estos dones y le doy a Él toda la gloria.

Entonces comencé a predicar cada sermón como si nunca más tuviera la oportunidad de volver a hacerlo. De modo que el secreto del verdadero poder que había estado ausente en mi vida y mensaje — el poder del Cristo que mora en nosotros — se convirtió en el motor de mi predicación. Mi nuevo tema fue que nada puede ocurrir a través de nosotros si antes no ocurre en nosotros. Y no hay ningún límite para lo que Cristo hará en nosotros si rendimos nuestra vida como un laboratorio en el cual descubrimos lo que Él quiere decir a otros a través de nosotros.

Pero no malinterprete mi entusiasmo por lo que me sucedió hace tantos años. Esto es algo que tiene que ser renovado cada día, especialmente ante cada nuevo reto o dificultad. También he tenido mi cuota de dolor y sufrimiento, de decepciones y de problemas, y he sido llamado a intentar algunas tareas imposibles desde el punto de vista humano. Al mirar retrospectivamente no puedo imaginar cómo pude haber pasado por todo ello sin el poder del Cristo que mora en nosotros.

Con el paso de los años, la fuerza de la presencia de Dios me ha dado un estado de expectación infatigable. He descubierto que la dirección de Dios no es algo que debemos implorar recibir, sino que es algo que Cristo comunica a nuestra mente y espíritu. Mi tarea es sólo orar porque haya en mi la suficiente apertura para permitirle a Él actuar, y después maravillarme de lo que Él dice y hace. Entonces toda persona con la cual me encuentro o con la cual trabajo me da una nueva oportunidad de permitirle a Cristo actuar, hablando o amando a través de mí.

¡Qué alivio es no sentir más que tengo que encontrar todas las respuestas y resolver yo mismo los problemas! Cristo actúa en mí, y estoy tan seguro de ello como siento el palpitar de mi corazón y la respiración de mis pulmones. Los problemas y las dificultades son en realidad dones que nos da el Señor para que alcancemos nuevas profundidades, al experimentar el poder ilimitado de lo que Cristo puede hacer.

Y también sé algo más: que estamos llamados a ser cauces, no depósitos, por donde fluya su Espíritu. El poder de Cristo morando en nosotros es para el servicio, no para la piedad privada y esotérica. Cuando Cristo hace su morada en nosotros, nos conduce a las situaciones y a las personas que más necesitan de Él. Y cuanto más servimos, más poder libera.

Cuando se me pidió que dijera cuál había sido la lección más beneficiosa de mi vida, mi mente fue inundada de las cosas magníficas que he descubierto en mis pruebas y triunfos a través de los años. Al comienzo me resultó difícil escoger la lección que había sido más beneficiosa. Y luego di con la respuesta: todas las experiencias de crecimiento a través de los años no han sido sino repeticiones en pequeña escala del descubrimiento más importante que hice en aquella playa solitaria donde no estaba solo. Y cada una de esas lecciones me llevó a una renovación del secreto de la vida abundante que experimenté: que Cristo en el corazón es nuestra única esperanza de gloria.

Luis Palau

Cualquier zarza puede servir

Luis Palau es uno de los grandes evangelistas de nuestro tiempo. Durante más de veinte años de ministerio ha hablado en persona a más de nueve millones de personas en casi sesenta países y a muchos millones más a través de sus programas de radio y televisión.

Luis comenzó su carrera como evangelista a la edad de dieciocho años, predicando los fines de semana mientras trabajaba en un banco de Argentina. En pocos años, él y otros jóvenes organizaron un ministerio radial y de evangelización en carpas en ese país.

Desde entonces, su ministerio ha continuado floreciendo. Dios lo ha utilizado para traer a multitudes a Jesucristo en Centro y Sur América, América del Norte, Europa, el Pacífico Sur, Asia, África y la Unión Soviética. Por estar convencido de su amor por nuestro Señor y de su probada integridad, es motivo de mucho gozo para mí, al igual que para los demás miembros de nuestro equipo de Cruzada Estudiantil, poder cooperar con él en sus numerosas cruzadas evangelísticas.

En su relato, Luis explica cómo aprendió a depender de Cristo solamente. Su narración comienza en sus últimos años de adolescencia en su búsqueda de una vida santa.

☆ ☆ ☆

Siempre que un gran predicador venía a nuestra iglesia en Argentina, algunos de mis amigos y yo tratábamos de lograr una entrevista con él y nuestras preguntas eran siempre las mismas:

— ¿Cómo podemos lograr la victoria sobre las tentaciones?

— ¿Cómo podemos vivir una vida santa?

Por lo general, el predicador visitante nos preguntaba:

— ¿Están leyendo la Biblia?

— Sí, nos levantamos a las cinco de la mañana antes de ir al colegio o al trabajo, y leemos varios capítulos todos los días.

— ¡Magnífico! Pero, ¿están testificando de Jesús?

— Sí, repartimos tratados, enseñamos clases de niños y hasta tenemos predicación al aire libre en las calles.

— ¡Eso es maravilloso! Pero, ¿están orando? — preguntaba el predicador.

Entonces le hablábamos de nuestras reuniones de oración que duraban toda la noche.

Nuestra frustración debe haberles parecido obvia a los predicadores.

— ¿Qué más debemos hacer? — preguntábamos.

— Bueno, oren un poco más, testifiquen un poco más y lean la Biblia un poco más.

Así lo hacíamos, y casi nos matábamos en nuestro deseo de ser santos.

Yo estaba a punto de rendirme, no porque viera alguna falla en Dios, sino porque ya estaba cansado de pelear y luchar, y de depender de mí mismo para seguir adelante por mi sola devoción.

¿Cuándo caeré en la cuenta? me preguntaba. *¿Debo rendirme ahora, después de todo por lo que he pasado?* Yo quería complacer, amar y servir al Señor; quería que las personas se salvaran. Cantaba: "Jesús, yo he prometido servirte con amor; no temeré la lucha, si tú a mi lado estás, ni perderé el camino, si tú conmigo vas", y pensaba: *aunque esto llegue a matarme.*

Un día me invitaron a ver un documental en el que Billy Graham les hablaba a líderes cristianos de la India. Aunque se estaba dirigiendo a una increíble multitud de decenas de millares, parecía estarme mirando directamente a los ojos cuando citaba Efesios 5:18: "Nos os embriaguéis con vino, en lo cual hay disolución; antes bien, sed llenos del Espíritu." Era como si no existiera aquella multitud de la India. Me estaba mirando directamente a mí y me estaba gritando:

— ¿Estás lleno del Espíritu?

Yo sabía que ese era mi problema: no estaba lleno del Espíritu Santo. Esa era la razón de mis altibajos en la vida cristiana. Esa era la razón por la que tenía celo y dedicación, pero poco fruto o victoria. ¿Cuándo terminaría aquello? ¿Cuándo encontraría la respuesta?

La encontré en los Estados Unidos después de varios meses de frustración en un instituto bíblico.

Vine a los Estados Unidos gracias al paciente estímulo de Ray Stedman, pastor de la Iglesia Bíblica de la Península, de Palo Alto, California. Los primeros dos meses viví en su casa. Yo era polémico y quería discutir de teología y de doctrina durante horas. Había venido a aprender, pero quizás todavía no estaba listo para reconocer que no tenía todavía todas las respuestas.

Después de estar dos meses con los Stedman, fui al Instituto Bíblico Multnomah de Portland, Oregón. Multnomah es una institución exigente y el primer semestre me resultó particularmente duro.

Nuestro profesor del curso de Vida Espiritual, el doctor George Kehoe, sólo hacía mayor mi frustración cuando comenzaba cada período de clase citando Gálatas 2:20: "Con Cristo estoy juntamente crucificado, y ya no vivo yo, mas vive Cristo en mí; y lo que ahora vivo en la carne, lo vivo en la fe del Hijo de Dios, el cual me amó y se entregó a sí mismo por mí".

Seguía estando frustrado por no poder vivir el estilo de vida que veía en hombres como Ray Stedman y varios otros de la Iglesia Bíblica Península y del Instituto Multnomah. Sus vidas mostraban un gozo y una libertad que yo encontraba atractivas. Pero cuanto más las buscaba, más escurridizas me parecían.

Mi peregrinaje espiritual era como escalar un profundo

acantilado. Me aferraba a cada centímetro de la montaña sólo para perder pie después y deslizarme hacia abajo. Y aunque había experimentado tiempos de bendición y de victoria, la mayor parte del tiempo sentía que la lucha era imposible. No podía seguir así, especialmente porque nadie más lo sabía. Era mi muerte íntima y secreta.

Me sentía como un hipócrita. Si debo decir cómo era en esos días, tendría que decir que era un tipo envidioso, celoso, demasiado preocupado y centrado en mí mismo, y ambicioso hasta el extremo. Era muy pagado de mí mismo cuando me comparaba con otros predicadores, considerando para mis adentros que sus ilustraciones o forma de predicar no eran tan buenas como las mías. Eso me hacía sentir como alguien malo, desagradable y mezquino. Ninguna cantidad de lucha conmigo mismo podía liberarme de esos pecados, y sin embargo seguía insistiendo en dejarlos. Me sentía despreciable y odiaba tener que reconocer que era hipócrita.

Quizás por eso no me gustaba el recordatorio constante de Gálatas 2:20 y me molestaba que el doctor Kehoe citara ese versículo todos los días. *No puede ser que un versículo de la Biblia te moleste tanto. El problema debes ser tú*, me decía a mí mismo. Pero antes que dejar que ese versículo venciera mi orgullo, resolví que el versículo se contradecía a sí mismo y que era difícil de entender y confuso, especialmente en inglés.

Poco antes del receso de Navidad, el comandante Ian Thomas, fundador y director de los *Torchbearers* (Portadores de la antorcha), el grupo que administra al Instituto Bíblico Capernwray de Inglaterra, habló en nuestro culto de capilla. Yo generalmente me sentaba en la parte posterior del auditorio y desafiaba al orador a que lograra mi atención. Si era bueno, le hacía el honor de escucharlo. De lo contrario, ponía mis pensamientos a divagar o pasaba el tiempo dando una ojeada a mis apuntes de clase.

Ian Thomas estaba hablando de Moisés, y de que este gran hombre tuvo que pasar cuarenta años en el desierto para aprender que no era nada. Entonces un día Moisés fue confrontado con una zarza ardiente — posiblemente un manojo seco de tallos feos, pequeños y escasamente desarrollados — y tuvo que descalzarse. ¿Por qué? Porque estaba sobre tierra santa. ¿Por qué era santa la tierra? ¡Porque Dios estaba en medio de la zarza!

La enseñanza que quería dar el comandante Thomas era ésta: Dios le estaba diciendo a Moisés:

— No necesito de una zarza hermosa, ni de una zarza educada, ni de una zarza elocuente. Cualquier zarza puede servir, siempre y cuando yo esté en ella. Si deseo utilizarte, te utilizaré. No serás tú quien esté haciendo algo por mí, sino que yo estaré haciendo algo por medio de ti.

De repente comprendí que yo era esa clase de zarza: sin valor, un manojo inútil de tallos secos; yo no podía hacer nada para Dios. No servía de nada todo lo que había leído y estudiado, todo lo que había investigado y todo mi esfuerzo para seguir la pauta de otros. Todo lo que había en mi ministerio no valía nada a menos que Dios estuviera en la zarza. Sólo Él podía lograr que sucediera algo.

Thomas se refirió a los muchos obreros cristianos que habían fracasado al comienzo de su ministerio por haber pensado que tenían algo que ofrecerle a Dios. El mismo Thomas había pensado una vez que, por ser él una persona emprendedora, simpática, del tipo evangelista, Dios lo utilizaría. Pero Dios no lo utilizó hasta que llegó al final de la cuerda. *Esa es exactamente mi situación*, pensé. *Yo estoy al final de la cuerda.*

Thomas concluyó su mensaje leyendo — adivinen — Gálatas 2:20. Y entonces todo estuvo claro para mí. "Con Cristo estoy juntamente crucificado, y *ya no vivo yo, mas vive Cristo en mí.*" ¡Mi gran lucha espiritual había terminado al fin! De aquí en adelante dejaría que Dios fuera Dios y que Luis Palau dependiera de Él.

Me fui corriendo a mi habitación, y bañado en lágrimas caí de rodillas junto a mi cama.

— Señor, ahora lo comprendo — oré —. Todo el problema es "ya no yo, sino Cristo en mí". No se trata de lo que yo voy a hacer por ti, sino más bien de lo que tú harás a través de mí.

Permanecí así de rodillas durante hora y media, hasta la

hora del almuerzo. Le pedí perdón al Señor por mi orgullo.

Bueno, Dios tendría todavía mucho que quemar en mí, pero ya tenía finalmente el control de esta zarza. Él quería que yo estuviera agradecido por todas las cosas pequeñas que me había dado en la vida, pero no quería que pusiera mi confianza en esas oportunidades que me convertirían en mejor pastor o predicador. Quería que yo dependiera, no de mí mismo o de mis propias oportunidades, sino sólo de Cristo, del todopoderoso Cristo resucitado que moraba en mí.

Aquel día marcó el punto decisivo intelectual de mi vida espiritual. El poner en práctica ese descubrimiento implicaría tiempo y sufrimento, pero al fin lo había entendido. Tenemos todo lo que necesitamos cuando Cristo vive en nosotros. Es su poder el que controla nuestra naturaleza, el que nos capacita para servir, y el que nos disciplina y dirige (cf. Filipenses 2:13). Ya podía descansar y encontrar sosiego en Él, pues Él iba a hacer la obra por medio de mí.

Adrian Rogers

Los recuerdos del dolor

Adrian Rogers es pastor de la Iglesia Bautista Bellevue, de Memphis, Tennessee, una congregación de 20.000 miembros, y durante tres años fue presidente de la Convención Bautista del Sur de los Estados Unidos.

Adrian y yo nos conocimos hace más de veinticinco años cuando Cruzada Estudiantil para Cristo llevó a cabo una Instituto de Evangelización para Laicos en una iglesia que él pastoreaba en la Florida. Desde entonces hemos continuado nuestra amistad, y a través de los años he sido extraordinariamente impresionado por su poderosa proclamación de la santa e inspirada Palabra de Dios, así como por su fiel exaltación de nuestro Señor Jesucristo, tanto en su vida personal como en su ministerio.

Considerado como uno de los mejores evangelistas y oradores, Adrian ha enseñado en los Institutos de Evangelización Billy Graham y ha tenido cruzadas evangelísticas masivas en varias ciudades de los Estados Unidos y del exterior. En 1980, pronunció un importante discurso ante una multitud de más de 500.000 personas reunidas en una gran concentración de "Washington para Jesús".

Su lección más valiosa la aprendió mediante una tragedia ocurrida en su familia. Nos recuerda cuánto sufrió Jesús y cómo sus cicatrices son recuerdos del dolor que Él soportó por nosotros.

★ ★ ★

A menudo al visitar algún lugar, nos llevamos de allí un recuerdo. Es nuestra manera de decir: "Estuve allí." Nuestro Señor Jesucristo se llevó también algunos recuerdos de su viaje al planeta tierra: las cicatrices que exhibe su cuerpo glorificado.

En realidad, las únicas cosas de manufactura humana que hay en el cielo son las cicatrices de Jesús. Después de su resurrección, esas cicatrices convencieron a Tomás de que Jesús ciertamente había resucitado (Juan 20:24-29). El cuerpo glorificado que puso a Tomás de rodillas tenía todavía "las marcas de los clavos".

Jesús fue un Dios sufriente, y sus cicatrices son recuerdos de su atroz dolor. Sus cicatrices son para mí un recordatorio eterno de la lección más grande que he aprendido en la vida: Dios es fiel y convertirá con toda seguridad nuestras cicatrices en un ministerio para los demás.

El mundo tiene hoy muchas dificultades tratando de entender el problema del sufrimiento. Algunos padecen en mazmorras de dudas por el sufrimiento indescriptible y al parecer absurdo en que se encuentran. ¿Cuántas veces le hemos pedido a Dios que nos quite un problema, y más bien parece empeorar? ¿Por qué es así, si Dios es amor y omnipotente?

¿Será que Dios es amor, pero es un Dios débil e impotente? ¿O es poderoso, pero sin amor y, por tanto, cruel? O peor aún, ¿es que no hay amor ni poder porque Dios no existe?

La respuesta a estas preguntas se encuentra en nuestra respuesta a un problema aún mayor: ¿Puede Dios sufrir? ¡Por supuesto que sí, y sufre! ¿Y por qué sufre Dios? Pensemos en esto, pues tiene sentido.

¿No sufre un padre por sus hijos? La historia del hijo pródigo tiene el propósito de enseñarnos, entre otras cosas, que cuando un hijo sufre también sufre su padre. La Biblia nos dice: "No contristéis al Espíritu Santo de Dios" (Efesios 4:30). "Contristar" es una palabra que habla de amor. Sólo podemos contristar a alguien que nos ama. Su cortadora de grama puede causarle un disgusto a usted, pero sus hijos pueden contristarlo. Sí, nuestro amoroso Padre celestial es frecuentemente contristado por sus hijos.

¿Nuestra cabeza no siente y experimenta dolor cuando sufre nuestro cuerpo? Jesús es la cabeza exaltada de la iglesia, la cual es su cuerpo, y Él, por tanto, se compadece de nuestras debilidades (cf. Hebreos 4:15).

¿No se siente contristado el novio enamorado si la novia con la cual está comprometido le es infiel o indiferente? Con toda seguridad el Novio celestial, Jesús, tiene el corazón destrozado cuando la iglesia demuestra ser a veces una novia infiel y veleidosa.

Pero, ¿por qué tiene Dios que sufrir? Él es Dios, y podría decidir no sufrir. Sí, pero se permite sufrir y eso nos lleva a la siguiente pregunta:

¿Por qué Dios sencillamente no elimina el sufrimiento? Porque el sufrimiento es un artículo absolutamente necesario en un mundo maldito por el pecado.

El sufrimiento es la manera como Dios nos recuerda que este universo en el cual vivimos sufre de una enfermedad, y que nosotros, ciertamente, somos parte de ella. Es su manera amorosa de recordarnos que la humanidad necesita de la curación de la redención. El apóstol Pablo lo expresa de esta manera: "Porque sabemos que toda la creación gime a una, y a una está con dolores de parto hasta ahora; y no sólo ella, sino que también nosotros mismos . . . gemimos dentro de nosotros mismos, esperando la adopción, la redención de nuestro cuerpo" (Romanos 8:22,23).

Un Dios amoroso no podría quitar el sufrimiento (producto del pecado) hasta que desaparezca el último vestigio de pecado (la contaminación de nuestro mundo). Lo peor que podría ocurrirle a esta humanidad caída sería vivir ciegamente en "el paraíso" y no buscar jamás un Salvador.

Gracias a Dios que nuestro Señor no quita el sufrimiento. Las cicatrices, por el contrario, nos dicen que Él comparte nuestro sufrimiento. Hebreos 4:15 nos asegura: "Porque no tenemos un sumo sacerdote que no pueda compadecerse de nuestras debilidades, sino uno que fue tentado en todo según nuestra semejanza, pero sin pecado".

Lo triste es que somos una generación que evita el sufrimiento a toda costa. Es sorprendente lo que hemos inventado para lograrlo: drogas, alcohol, aventuras amorosas, televisión y entretenimientos. Muchas personas simplemente andan buscando un sedante para quitarse el dolor en vez de venir al Salvador para curar su infección.

Cuando venimos a Jesús, es posible que Él no quite todo el sufrimiento porque, aunque hemos sido salvados del castigo del pecado, aún necesitamos ser salvados de la presencia del pecado. Por tanto, el Señor tal vez no quite el aguijón doloroso, pero siempre da su gracia y gozo para ayudarnos a soportar (2 Corintios 12:1-10).

Nuestro Señor no tenía que sufrir, pero se metió en nuestros sufrimientos para poder llevarlos y curarlos. El profeta Isaías proclama: "Mas él herido fue por nuestras rebeliones, molido por nuestros pecados; el castigo de nuestra paz fue sobre él, y por su llaga fuimos nosotros curados" (Isaías 53:5). Gracias al Calvario, somos salvos. El Señor no sólo murió, sino que además se levantó nuevamente y vive para siempre para llevar las cicatrices.

La mayor lección para mí en todo esto es que Jesús tiene algunas cicatrices, y que también las tendremos nosotros si hemos de ser como Él. El apóstol Pablo dice: "De aquí en adelante nadie me cause molestias; porque yo traigo en mi cuerpo las marcas del Señor Jesús" (Gálatas 6:17).

Recordemos que una cicatriz es una herida que ha sanado. Necesitamos traer nuestras heridas a Jesús, permitir que las sane, y después utilizar nuestras cicatrices sirviendo a Jesús.

En realidad, nuestras cicatrices pueden constituir nuestro mayor ministerio. Así como las cicatrices de Jesús convencieron a Tomás, quizás nuestras cicatrices convencerán a alguien hoy.

Después de graduarme del seminario, nos llamaron a mi esposa Joyce y a mí de regreso a la Florida a pastorear una pequeña y hermosa iglesia en Fort Pierce. Para entonces teníamos tres hijos: Steve, Gayle y Philip. Philip tenía sólo dos meses cuando nos instalamos en la nueva casa pastoral.

Sucedió el Día de las Madres. Era un día delicioso, como

lo son con tanta frecuencia los días de mayo cerca de la costa de la Florida. Acababa de predicar un mensaje del Día de las Madres en cuanto a las bendiciones de un hogar cristiano. Nuestra pequeña casa estaba ubicada inmediatamente al lado de la pequeña iglesia blanca construida de bloques. Joyce se encontraba en la cocina preparando el almuerzo después del culto, y yo estaba en la sala de estar leyendo.

De pronto, escuché su voz angustiada:

— ¡Adrian, ven acá inmediatamente! Algo le sucede a Philip.

Me puse de pie de un salto. Ella tenía nuestro bebé en sus brazos, y éste no estaba respirando. Su cara estaba azulada.

— ¿Qué le está pasando? — gritó mi esposa.

— No lo sé. Llama al hospital y diles que voy para allá.

Entonces puse a nuestro bebito bajo mi abrigo para mantenerlo caliente, y con los ojos cubiertos de lágrimas salí disparado en mi auto para la sala de emergencias del hospital.

— ¡Ayúdeme por favor! — grité a la enfermera que esperaba cuando atravesé velozmente las pesadas puertas dobles de la entrada al hospital. Unas manos amorosas tomaron a Philip y lo llevaron inmediatamente a una habitación cercana, mientras yo me arrodillaba en la parte exterior de la sala de emergencia pidiendo la misericordia de Dios, no importándome quién me viera o lo que pudieran pensar.

Después de un rato, un médico salió de la sala y se dirigió a mí. Colocó su mano sobre mi hombro, mientras sacudía su cabeza:

— Ha muerto. No pudimos hacer nada, a pesar de nuestros esfuerzos.

Había sido una de esas repentinas "muertes por sofocación en la cuna".

Joyce estaba parada en la puerta de nuestra casa cuando regresé solo. La mirada en mi cara lo decía todo. El Día de las Madres se había convertido en un día de increíble dolor y confusión para nosotros. La tragedia había sido tan repentina y desoladora. Entonces hicimos lo único que sabíamos hacer: nos arrodillamos e imploramos la ayuda del Señor.

Cuando abrimos la Biblia, yo no estaba seguro dónde comenzar a leer. En lugar de eso, el Señor mismo nos condujo al mensaje que tanto necesitábamos:

"Gracia y paz a vosotros, de Dios nuestro Padre y del Señor Jesucristo. Bendito sea el Dios y Padre de nuestro Señor Jesucristo, Padre de misericordias y Dios de toda consolación, el cual nos consuela en todas nuestras tribulaciones, para que podamos también nosotros consolar a los que están en cualquier tribulación, por medio de la consolación con que nosotros somos consolados por Dios" (2 Corintios 1:2-4).

Yo no comprendía todo lo que Dios estaba permitiendo que nos sucediera, pero Él ya había dejado algo perfectamente claro: el Padre de misericordias iba a utilizar nuestro pesar para que fuéramos de bendición a las demás personas con corazones destrozados; iba a sanarnos para que después utilizáramos nuestras cicatrices como un testimonio.

Desde entonces, hemos conocido a tantas personas que han sufrido el dolor de perder un niño y hemos observado a algunos tratando de consolarlas, pero sus palabras han sido como escasas gotas de agua en un desierto abrasador.

Y luego he visto a mi esposa colocar su brazo alrededor de una madre destrozada y llorar con ella. He visto a mi esposa decirle a esa madre enloquecida y con el corazón destrozado que Jesús lo sabe; que Él nos ama; y que él cura las heridas. Y luego he visto a esa vida destrozada y molida recuperarse y comenzar el camino a la curación y al gozo restaurado. Sólo quien tenga sus propias cicatrices puede ministrar así.

Si usted está sufriendo, no evite su dolor con sedantes dejando a Dios afuera. Él le ama tanto. Y si Él ha hecho su obra de sanidad en usted, recuerde que *las cicatrices que usted lleva encima pueden ser su más grande ministerio.*

John F. Walvoord

Dios es fiel

El doctor John F. Walvoord es actualmente canciller (rector jubilado) del Seminario Teológico de Dallas, donde se desempeñó como rector durante treinta y tres años. Él me impresionó hace muchos años por su brillante mente teológica y por su ardiente corazón por Cristo.

A través de los años, el doctor Walvoord ha contribuido a dar un fuerte énfasis a la autoridad e infalibilidad de la santa e inspirada palabra de Dios, por lo cual le estoy personalmente agradecido, como lo está también todo el cuerpo de Cristo.

El doctor Walvoord es autor de muchos libros, entre los que se encuentra su éxito de librería más reciente, *Armagedón*. El doctor Walvoord también es miembro del comité revisor de la nueva edición de referencia Scofield de la Santa Biblia.

A lo largo de toda su vida, el doctor Walvoord ha experimentado el toque de Dios en su obra y en su vida familiar. Nos cuenta aquí cómo Dios lo ha conducido a emocionantes oportunidades para ministrar y a circunstancias que han ensanchado su fe, una de ellas la muerte accidental de uno de sus hijos.

☆ ☆ ☆

La fidelidad de Dios para conmigo comenzó desde muy temprano, aun antes que yo naciera. Mi madre había estado terriblemente enferma y el doctor sugirió que se le practicara un aborto para proteger su salud y también para evitar tener un bebé anormal. Sin embargo, como fiel cristiana que era, no aceptó la recomendación. Sus oraciones fueron contestadas, pues nací siendo un niño perfectamente normal, y la salud de ella mejoró, de manera que llegó a vivir hasta la edad de casi ciento dos años.

Después de varios años de instrucción cristiana, me uní a la iglesia a la edad de nueve años, y cuando llegué a los doce decidí ser un ministro del evangelio. Pero a los quince nos sobrevino la catástrofe: Mi padre perdió de repente su trabajo de superintendente escolar de nuestra ciudad porque había prohibido la venta de cerveza en las fiestas de los estudiantes de secundaria. Su posición era demasiado para la comunidad alemana donde vivíamos. La industria cervecera levantó fondos para una campaña en su contra y eligieron una junta de educación que lo despidió. En ese tiempo, aquello fue como el fin del mundo para nosotros. Pero, en realidad, este incidente dio lugar a un hecho que transformaría mi vida.

Nos mudamos a Racine, Wisconsin, donde mi padre había encontrado un nuevo empleo. Ese primer otoño me uní a una clase de Biblia enseñada por el doctor William McCarrell, de la Iglesia Bíblica de Cicero. Teníamos la clase en la Iglesia Metodista de la Sexta Avenida, la cual nos alquilaban para esa actividad. La segunda noche, mientras enseñaba en el libro de Gálatas, el doctor McCarrell dijo:

— Nadie es lo suficientemente bueno como para merecer la salvación.

Esas palabras me cayeron como un rayo. Después de todo, yo no era una mala persona; me portaba lo mejor que podía. ¿Es que eso no bastaba? Entonces, el doctor McCarrell explicó que Cristo tuvo que morir por nuestros pecados. Inmediatamente acepté esta verdad, y la mañana siguiente me di cuenta de que algo me había ocurrido: había nacido de nuevo espiritualmente.

Después de graduarme de la escuela secundaria tenía que decidir a cuál universidad iría. Mi hermano y mi hermana habían ido a una denominacional que era por lo menos nominalmente religiosa. Pero algunos de mis amigos irían a Wheaton College, una institución pequeña, poco conocida, y que acababa de ser acreditada. Así que me fui a Wheaton. El primer domingo por la noche después de mi llegada, Percy Crawford, un estudiante de los últimos dos años, predicó en una reunión evangelística e hizo un llamado a rendirse completamente a Cristo. Resuelto a hacer de la voluntad de Dios la norma de mi vida, pasé al frente. La entrega que hice esa noche jamás ha flaqueado.

Después de graduarme de Wheaton, tenía que decidir a cuál seminario iría. Tenía la alternativa de ir en el este del país a un prestigioso seminario que tenía una larga historia, excelentes profesores y mucho prestigio, pero había escuchado hablar de una institución recién fundada en Dallas, y que más tarde sería conocida como el Seminario Teológico de Dallas. Era evidentemente evangélica y tenía sesenta y cinco estudiantes y apenas unos cuantos profesores, ninguno de ellos con nivel de doctorado. En mi confusión me dirigí al doctor J. Oliver Buswell, rector del Wheaton College, en busca de orientación. Me escuchó y luego dijo tranquilamente:

— Creo que recibirás una buena educación en Dallas.

Sus palabras fueron suficientes para mí.

En Dallas tuve una experiencia feliz. Más de la cuarta parte del grupo de veinticinco que ingresamos ese año habíamos sido compañeros de estudios en Wheaton. Pero al acercarse la fecha de graduación enfrentaba la necesidad de hacer una solicitud de trabajo a alguna junta misionera.

Por mucho tiempo había creído que Dios me había llamado para ser misionero en la China, y por ello envié una carta a la Misión al Interior de la China pidiéndoles que me enviaran una planilla de solicitud. Cuando llegó la planilla la extendí sobre mi cama y puesto de rodillas le pedí al Señor su dirección. Muy definitivamente me dijo que no debía enviarla. Pensando que había escogido el país equivocado, pedí a otra junta misionera una planilla para ir a la India. Pero Dios dijo nuevamente que no. Evidentemente, por algunas razones más allá de mi comprensión, el Señor no quería que yo sirviera en el campo misionero.

Como resultado, me quedé en Dallas y me matriculé en el programa de doctorado. Al acercarse la fecha de mi graduación comencé a buscar trabajo como pastor. En la primera iglesia donde me ofrecí como candidato descubrí que, a pesar de mi doctorado de Dallas, no tenía al mundo a mis pies. La congregación no mostró en absoluto ningún interés.

La siguiente iglesia quedaba en el centro de un próspero campo petrolero y era la única iglesia permitida en un perímetro de dieciséis kilómetros. La región tenía una población de 8.000 personas. Prediqué a casa llena la mañana y la noche de un domingo y me pidieron que fuera su pastor. Ya estaba hecho: un campo misionero justamente en mi propio país. Pero el Señor dijo nuevamente que no. Me parecía que nunca más tendría una mejor oportunidad para ministrar como pastor que la que me habían ofrecido. ¿Qué haría ahora?

Entonces recordé que un año antes me habían ofrecido empleo como secretario general del Seminario de Dallas, pero no manifesté interés en la oferta. Así pues, le dije al Señor que si Él quería que yo ocupara el cargo, el rector Lewis Sperry Chafer tendría que renovar la invitación. Diez días después el rector Chafer me llamó a su despacho. Esta vez me ofrecía no sólo el cargo de secretario general, posición de la cual dependía en realidad todo el programa educativo del seminario, sino además la mitad del departamento de teología que él enseñaba. Durante nuestra reunión, él solemnemente me encomendó en oración por lo que habrían de convertirse en cincuenta años de trabajo como profesor, y los últimos treinta y tres como rector.

Al despedirnos ese día, el doctor Chafer me dijo que recibiría un sueldo de cien dólares al mes. Pero no presté ninguna atención a sus palabras porque sabía que el seminario no podría pagarme esa cantidad. Seis meses después me fue aumentado el sueldo, pero no me enteré de ello sino hasta después de haber transcurrido tres años. Lo que había aprendido en la vida fue, sin embargo, que Dios es fiel. Nunca tuve deudas que no pudiera pagar y nunca me faltó nada que realmente necesitara.

Tres años después de haberme iniciado como profesor del

seminario, me casé con una maravillosa ayuda idónea, Geraldine, por la que desde entonces he estado siempre agradecido. Nuestro primer hijo John nació tres años más tarde y demostró ser un niño extraordinariamente precoz e inteligente. Posteriormente se doctoró en el Seminario Teológico de Dallas y en la Universidad Columbia.

Nuestro segundo hijo, James, vino tres años después de John. Nació con un poco de retraso, tanto mental como físico, y no aprendió a caminar sino hasta que cumplió dos años. Lo pusimos en colegios para niños ligeramente incapacitados desde la edad de tres años, pero nunca pudo depender completamente de sí mismo y actualmente está viviendo en el Rancho Marbridge cerca de Austin, Texas, con alrededor de cien otros hombres que también son ligeramente impedidos. James es un cristiano bien informado, con una personalidad extrovertida, que disfruta perfectamente de la vida.

Nuestro tercer hijo, Timothy, nació algunos años después. Este hijo resultó ser alguien con capacidades extraordinarias. En el colegio de secundaria donde estudió, un instituto con un considerable número de estudiantes, lo escogieron como uno de los treinta mejores estudiantes que gozaron del privilegio de escoger las materias que quisieran estudiar. En Wheaton College hizo los estudios de cuatro años en sólo dos años y nueve meses y se graduó entre los mejores de su clase. Por tanto, no tuvo ninguna dificultad para ingresar en la escuela de medicina que quería, en Texas. Después de su primer año en la universidad, se casó con Dawn, una compañera de estudios. Después de terminar sus estudios de medicina tomó los exámenes para el ejercicio profesional y los aprobó con un éxito rotundo.

Durante su último año de estudiante de medicina, Timothy enseñó una clase de Biblia para estudiantes de secundaria y también una clase bíblica para estudiantes universitarios en una pequeña iglesia bautista cerca de la universidad. Por el aprecio que tenía la iglesia por Timothy le dieron un culto especial de despedida un domingo. Y el domingo siguiente tuvieron un culto en su memoria: había muerto instantáneamente en un accidente de tránsito cuando un inmenso camión se le atravesó repentinamente mientras conducía en una autopista.

Uno podría preguntarse: "¿Por qué?" De las miles de cartas que recibimos de amigos condolidos, la del doctor W. A. Criswell decía sencillamente: "Algunos cristianos están preparados para el cielo antes que otros."

Nuestro cuarto hijo, Paul, nació irremediablemente atrasado, tanto física como mentalmente, y ha pasado la mayor parte de sus años en una escuela estatal donde deberá permanecer el resto de su vida.

¿Cuál es la mayor lección que he aprendido en la vida? Que Dios nos sostiene. En tiempos de júbilo, en tiempos de tristeza, en tiempos de éxito, en tiempos de decepciones, nuestro Dios siempre es fiel.

Bill Bright

Cómo amar a los que nos cuesta amar

Como los demás autores de este libro, yo también he hecho unos cuantos descubrimientos importantes y he aprendido muchas lecciones valiosas en el curso de mis setenta años.

Podría haber escrito sobre mis días de agnosticismo cuando, siendo un pagano feliz, finalmente escuché las Buenas Nuevas por primera vez y me enamoré de Jesucristo.

Podría haber hablado de los días en que experimenté por primera vez la realidad de la persona y ministerio del Espíritu Santo.

Y podría haberle relatado mi descubrimiento en cuanto a cómo presentar a Cristo como un estilo de vida a los demás, o haberles hablado de mi comprensión de que todo el mundo está hambriento de Dios, aun los supuestos ateos, porque Dios nos creó así (Romanos 1:19,20).

Sin embargo, después de haber considerado todas estas posibilidades, decidí escribir acerca de cómo aprendí a amar a las personas que a veces nos cuesta amar.

¿Por qué fue importante para mí esta lección? Porque Dios da mucho énfasis al amor en su Palabra. En realidad, nuestro Señor nos enseña: "Amarás, pues, al Señor tu Dios con todo tu corazón, con toda tu alma, y con toda tu mente. Este es el primero y el más importante de los mandamientos. El segundo es similar: Amarás a tu prójimo con el mismo amor con que te amas a ti mismo. Los demás mandamientos y demandas de los profetas se resumen en estos dos mandamientos que he mencionado. El que cumpla estos dos mandamientos estará obedeciendo los demás (Mateo 22:37-40, La Biblia al Día).

Jesús nos recuerda en Juan 13:35: "En esto conocerán todos que sois mis discípulos, si tuviereis amor los unos con los otros".

Y de nuevo, el Espíritu Santo habló a través del apóstol Pablo, cuando escribió en 1 Corintios 13 que no importa lo que logremos en la vida, a pesar de que todo lo que podamos aportar sea bueno y digno de elogio, si no hay amor nada de eso tiene valor.

Además, me hizo reflexionar el mensaje que Dios envió a la iglesia de Éfeso. Dios había utilizado esta iglesia poderosamente para llamar al arrepentimiento a la inicua ciudad de Éfeso. Sin embargo, aproximadamente treinta años después que el apóstol Pablo había sido martirizado por su fe cristiana, la iglesia había dejado su primer amor. Entonces Dios la amenazó con quitar el candelero de su lugar entre las iglesias a menos que se arrepintiera y volviera a su primer amor (Apocalipsis 2:1-7).

Con tal énfasis de la Palabra de Dios en cuanto a amar a Cristo y al prójimo, finalmente llegué a la conclusión de que la contribución más importante que podía dar a este libro es el descubrimiento revolucionario que hice hace muchos años en cuanto a cómo amar por fe.

☆ ☆ ☆

¿Hay alguien en su vida a quien le resulte difícil amar? ¿Ha experimentado usted alguna vez un conflicto con otra persona que lo dejó a usted con sentimientos de enojo o amargura?

Hubo un tiempo en mi ministerio cuando me enfrenté con un reto así. Varios hombres en los que yo había puesto gran confianza, y que estaban en posiciones de liderazgo en Cruzada Estudiantil para Cristo, fueron desleales a esa confianza. Esto dio como resultado malentendidos en todas partes de los Estados Unidos en cuanto a lo que era nuestro ministerio. La situación estuvo llena de tremendas crisis, con todo el potencial para generar ira, resentimientos, discordias y conflictos. De manera que una resolución de acuerdo con la voluntad de Dios exigía una plena medida de mi amor por estos hombres.

Durante años yo había hablado del tema del amor. Tenía un bosquejo sencillo de cuatro puntos.

1. Dios lo ama a usted incondicionalmente.
2. Usted debe amar a los demás: a Dios, a sus vecinos, a sus enemigos.
3. Usted no puede amar a los demás confiando sólo en sus propias fuerzas.
4. Usted puede amar a los demás con el amor de Dios.

Pero, como sucede con la mayoría de los sermones en cuanto al amor, faltaba algo. Yo todavía no comprendía que había un ingrediente esencial que le permitiría a Dios amar a través de mí a pesar de las circunstancias.

Cierta noche, al comienzo de esta crisis, desperté a las dos de la madrugada. Sabía que Dios tenía algo que decirme. Entonces me sentí impulsado a salir de la cama. Tomé mi Biblia y me fui a otra habitación para no despertar a mi esposa, Vonette; caí de rodillas y leí y oré durante las siguientes dos horas.

Lo que descubrí esa noche ha enriquecido desde entonces mi vida y la vida de decenas de millares de otras personas. Yo nunca había oído antes a nadie hablar de la lección que Dios me reveló esa noche. Sin embargo, era tan sencilla, tan bíblica y tan revolucionaria. ¿Sabe cuál fue el descubrimiento? Que los cristianos pueden amar por fe.

Como resultado de poner en práctica esta lección, la situación — con tan vasto potencial para causar daño — quedó resuelta. Y Dios nunca me permitió guardar ningún resentimiento o antagonismo contra mis hermanos. En realidad, los sigo amando hasta hoy.

En realidad, el amor es el mayor privilegio y el mayor poder al alcance del ser humano. Cuando Cristo entró en mi vida y me hice cristiano, Dios me dio los recursos para ser una persona diferente. Me dio la capacidad de amar.

Pero yo no había descubierto cómo hacer una realidad práctica en mi vida ese amor, hasta esa noche que estuve de rodillas.

Yo sabía que todo en la vida cristiana estaba basado en la fe. La santa Palabra de Dios dice: "Sin fe es imposible agradar a Dios" (Hebreos 11:6). "El justo por la fe vivirá" (Romanos 1:17) y "Todo lo que no proviene de fe, es pecado" (Romanos 14:23). Así, pues, esa noche memorable, Dios me mostró que amamos por fe de la misma manera que recibimos a Cristo por fe; de la misma manera que somos llenos del Espíritu Santo por fe; y de la misma manera que andamos en el Espíritu por fe. Asimismo, no puede haber ninguna demostración del amor de Dios prescindiendo de la fe.

La voluntad de Dios es que amemos. Jesús ordena: "Que os améis unos a otros, como yo os he amado" (Juan 15:12). Él nunca nos ordenará hacer algo para lo cual no nos capacitará si confiamos en Él y le obedecemos. En 1 Juan 5:14,15, Dios promete: "Si pedimos alguna cosa conforme a su voluntad, él nos oye. Y si sabemos que él nos oye en cualquier cosa que pidamos, sabemos que tenemos las peticiones que le hayamos hecho". Relacionando esta promesa con el mandamiento de Dios a amar, descubrí que podemos pedir por fe el privilegio de amar con su amor. A fin de experimentar y compartir este amor, debemos pedirlo por fe, es decir, confiar en su promesa de que nos dará todo lo que necesitamos para hacer su voluntad basado en su mandamiento y en su promesa.

El amor es un acto de la voluntad, no de nuestras emociones. Por cuanto estamos obedeciendo un mandamiento de Dios, no estamos actuando hipócritamente cuando decimos: "Te amo", aunque no lo sintamos así.

Esta verdad no es nueva, pues está escrita en la palabra de Dios desde hace dos mil años. Pero fue para mí un descubrimiento revolucionario el que hice esa mañana hace varios años y, desde entonces, también lo ha sido para muchos miles de cristianos con quienes lo he compartido. Cuando comencé a amar a los demás por fe, encontré que los problemas de tensión con otras personas parecían desaparecer, a menudo milagrosamente.

En cierta ocasión me estaba resultando difícil amar a un colega de nuestro equipo en Cruzada Estudiantil, y esto me preocupaba. Quería amarlo; sabía que la palabra de Dios me ordenaba amarlo; sin embargo, debido a ciertos aspectos de inconsecuencia de su parte y de diferencias personales, me resultaba difícil amarlo. Pero el Señor me recordó 1 Pedro 5:7: "Encomiéndenle sus ansiedades, porque Él siempre cuida de ustedes" (La Biblia al Día). Entonces decidí pasarle este problema al Señor y amar a este hombre por fe. Cuando pedí por fe que Dios me diera amor por ese hombre, mi preocupación desapareció, pues sabía que el asunto estaba en manos de Dios.

Una hora después encontré una carta bajo mi puerta, de ese mismo hombre, quien no podía haber sabido de ninguna manera lo que yo acababa de experimentar. En realidad, la carta había sido escrita el día anterior, pero el Señor ya había previsto el cambio en mí. Este amigo y yo nos reunimos esa tarde y tuvimos el más maravilloso tiempo de oración y compañerismo que jamás habíamos experimentado. Lo que sucedió fue que amar con el amor de Dios por fe había cambiado nuestra relación.

Desde entonces, he visto este principio en acción en muchas situaciones. Por ejemplo, dos excelentes abogados sentían una gran animosidad recíproca, que llegaba al odio; y a pesar de que eran dos importantes socios de la misma empresa estaban constantemente criticándose y amargándose la vida entre sí.

Uno de los hombres recibió a Cristo como Salvador a través de nuestro ministerio y pocos meses después vino a mí en busca de consejo.

— Yo he odiado y criticado a mi socio durante años — dijo —, y él igualmente ha tenido un antagonismo contra mí. Pero ahora que soy cristiano, no me siento bien continuando con esta guerra. ¿Qué puedo hacer?

— ¿Por qué no le pide a su socio que lo perdone y le dice que lo ama? — le sugerí.

— ¡Yo nunca podría hacer eso! — exclamó —. Eso sería una hipocresía. No lo amo. ¿Cómo podría decirle que lo amo, si no lo amo?

Entonces le expliqué la más grande lección que he aprendido: que Dios ha ordenado a sus hijos que amen aun a sus enemigos, y que su amor sobrenatural e incondicional es una expresión de nuestra voluntad, no de nuestras emociones, y que tal amor lo ejercemos por fe.

Nos arrodillamos y mi amigo pidió perdón a Dios por su actitud condenatoria hacia su socio y pidió a Dios que le diera amor por él, por fe.

Temprano la mañana siguiente, mi amigo entró a la oficina de su socio y le dijo:

— Algo maravilloso me ha sucedido: ahora soy cristiano, y he venido a pedirte que me perdones por todo lo que te hice en el pasado para dañarte, y a decirte que te amo.

Su socio se sorprendió tanto y quedó tan convencido de su propia culpabilidad que su respuesta fue pedirle a mi amigo que lo perdonara. Entonces, para sorpresa de mi amigo, su socio le dijo:

— Me gustaría también ser cristiano. ¿Podrías decirme qué debo hacer?

Después que mi amigo le dijo cómo recibir a Cristo como Señor y Salvador, se arrodillaron juntos a orar. Entonces ambos vinieron a contarme este maravilloso milagro del amor de Dios en su vida y en su relación.

Quizás usted ha estado en una situación parecida y se ha preguntado: "¿Cómo puedo yo realmente amar a tal persona?" Sin duda que usted ha encontrado que resulta difícil tolerar a ciertas personas.

Si es así, lo animo a hacer una lista de las personas que no le caen bien y a comenzar a amarlas por fe. Quizás su jefe, un compañero de trabajo, su cónyuge, sus hijos, o su padre o su madre estén en la lista. Luego, confiese a Dios cualquier actitud negativa que tenga en contra de ellos, y pida al Espíritu Santo que lo llene con el amor de Cristo para cada una de esas personas. Luego trate de reunirse con cada una de ellas, recurriendo por fe al amor ilimitado, inextinguible e irresistible de Dios por tales personas. Ame a cada uno de sus "enemigos" por fe: a quienes lo irriten, a quienes lo desprecien, a quienes lo fastidien y a quienes lo frustren. Después, con la ayuda de Dios, pida el poder del Espíritu Santo y hable con las personas con las cuales usted tiene diferencias o conflictos, y dígales que las ama.

Usted descubrirá, como me sucedió a mí, que nunca podrá agotar las oportunidades de amar por fe. Las personas están aguardando desesperadamente que las amen con el amor de Dios. Y Dios tiene una provisión inagotable de su amor divino y sobrenatural para todos. Nos toca a nosotros pedirlo, llegar a saborearlo, compartirlo con los demás, y así alcanzar a todos los que nos rodean, con el amor que vale, el amor que los atraerá a Jesucristo.

El resumen de todo

Una experiencia muy notable en mi vida se produjo en Saint Louis, Misuri, hace algunos años. Había terminado de dar algunas conferencias e iba con prisa al aeropuerto para tomar un avión a Arrowhead Springs, California, para estar con mi esposa Vonette y mis hijos, Zac y Brad. Mi itinerario de viajes había estado extraordinariamente ocupado. Por ello, no había pasado mucho tiempo con mi familia como quería, y estaba especialmente ansioso de regresar a casa.

Mientras iba apresurado al aeropuerto, noté que se estaba formando rápidamente un tiempo de tormenta. Al llegar corrí a la taquilla a comprar un boleto para tomar el primer vuelo, pero me dijeron que habían cancelado todos los vuelos debido al mal tiempo.

Desanimado, tomé un autobús de regreso al hotel. Al principio me sentía triste y terriblemente decepcionado, pero una vez dentro del autobús, mientras avanzaba dando tumbos, el Espíritu Santo pareció decirme:

— Tengo algo muy importante que quiero que hagas.

Al entrar al vestíbulo del hotel, me uní a otros pasajeros desanimados que esperaban en una fila para obtener habitaciones, y comencé a hablar con uno de ellos.

En el transcuro de nuestra conversación, me dijo que él y su esposa habían estado buscando a Dios en los últimos dos años; que habían asistido a diversas iglesias todos los domingos, pero que no lo habían encontrado.

¡Usted podrá imaginar mi emoción y regocijo! Saqué de mi bolsillo un ejemplar del folleto *Las Cuatro Leyes Espirituales* y lo utilicé como herramienta para explicarle cómo podía conocer a Dios de una manera personal.

Su respuesta fue entusiasta, pues estaba listo y deseoso de recibir a Cristo. Buscamos un lugar tranquilo e inclinamos nuestras cabezas para orar. Tan pronto como terminamos de hacerlo, me preguntó:

— ¿A qué se dedica usted?

Cuando le dije que había dedicado mi vida a predicar las buenas nuevas que acababa de compartir con él, respondió con unas palabras que jamás olvidaré:

— ¡Sin duda alguna, usted debe de traer mucha felicidad a este mundo!

Luego, con ojos inundados de lágrimas de gratitud, me preguntó si podía quedarse con el folleto de *Las Cuatro Leyes Espirituales* para compartirlo con su esposa, que estaba tan hambrienta de conocer a Dios como él. Se lo obsequié, por supuesto, con el mayor placer.

Esa noche me acosté con el corazón lleno de gozo, cantando alabanzas a nuestro maravilloso Señor por haberme permitido tener el privilegio de haber llevado a ese hombre de negocios al conocimiento de Cristo. Al disponerme a dormir, sus palabras resonaban en mi mente como un estribillo incesante:

— ¡Sin duda alguna, usted debe de traer mucha felicidad a este mundo!

Por más de cuarenta y cinco años he tenido el feliz privilegio de no sólo conocer a Jesucristo de una manera vital y personal, sino además de ayudar a explicar las buenas nuevas del evangelio a millones de otras personas alrededor del mundo.

Quizás usted esté en un peregrinaje espiritual como el amigo que conocí en Saint Louis, buscando a Dios de una manera personal.

Si es así, el leer las próximas páginas puede ser lo más importante que usted haga en toda su vida. Permítame contarle cuatro principios que, si los pone en práctica, le permitirán conocer la realidad de Dios en su vida. Y si usted ya ha hecho el descubrimiento de conocer a Cristo personalmente, permítame estimularlo a regalar un ejemplar de este libro a todos sus amigos que no sean creyentes.

1. Dios lo ama a usted y lo creó para que usted llegara a conocerlo personalmente.

El resumen de todo 123

Aunque la Biblia nos asegura en muchos pasajes que Dios nos ama, quizás el versículo más expresivo es Juan 3:16:

> *Porque de tal manera amó Dios al mundo, que ha dado a su Hijo unigénito, para que todo aquel que en él cree, no se pierda, mas tenga vida eterna.*

Dios no sólo nos ama tanto a cada uno de nosotros, que dio a su único Hijo por nosotros, sino que también desea que lleguemos a conocerlo personalmente.

> *Y esta es la vida eterna: que te conozcan a ti, el único Dios verdadero, y a Jesucristo, a quien has enviado (Juan 17:3).*

¿Qué es, entonces, lo que nos impide conocer a Dios personalmente?

2. El hombre y la mujer son pecadores y están separados de Dios; por tanto, no podemos conocerlo personalmente ni experimentar su amor.

Los seres humanos fuimos creados para tener compañerismo con Dios, pero debido a nuestra terquedad decidimos tomar nuestro propio camino, quedando así roto nuestro compañerismo con Dios. Esta terquedad, caracterizada por una actitud de rebeldía activa o de indiferencia pasiva, es evidencia de lo que la Biblia llama pecado.

> *Por cuanto todos pecaron, y están destituidos de la gloria de Dios (Romanos 3:23).*

La Biblia también nos dice que "la paga del pecado es muerte" (Romanos 6:23), que significa la separación espiritual de Dios. Cuando estamos en ese estado, un gran abismo nos separa de Dios porque Él no puede tolerar el pecado. Las personas tratan con frecuencia de salvar este abismo haciendo buenas obras o dedicándose a prácticas religiosas o de la Nueva Era, pero la Biblia afirma claramente que sólo hay una manera de salvar este abismo . . .

3. Jesucristo es la ÚNICA provisión hecha por Dios para el perdón de nuestros pecados. Sólo a través de Él podemos

conocer a Dios personalmente y experimentar su amor.

En la Palabra de Dios están escritos tres hechos importantes que comprueban este principio: (1) Jesucristo murió en nuestro lugar; (2) resucitó de los muertos; (3) es nuestro único camino hacia Dios.

> Mas Dios muestra su amor para con nosotros, en que siendo aún pecadores, Cristo murió por nosotros (Romanos 5:8).
>
> Cristo murió por nuestros pecados . . . fue sepultado . . . resucitó al tercer día, conforme a las Escrituras . . . apareció a Cefas, y después a los doce. Después apareció a más de quinientos (1 Corintios 15:3-6).
>
> Jesús le dijo: Yo soy el camino, y la verdad, y la vida; nadie viene al Padre, sino por mí (Juan 14:6).

Así, pues, Dios ha tomado la amorosa iniciativa de salvar el abismo que nos separa de Él al enviar a su Hijo, Jesucristo, a morir en la cruz en lugar nuestro para pagar el castigo que merecían nuestros pecados. Pero no basta sólo conocer estas verdades . . .

4. Debemos recibir individualmente a Jesucristo como Señor y Salvador; entonces podremos conocer a Dios personalmente y experimentar su amor.

Juan 1:12 dice:

> *Mas a todos los que le recibieron, a los que creen en su nombre, les dio potestad de ser hechos hijos de Dios.*

¿Qué significa "recibir a Cristo"? La Biblia nos dice que recibimos a Cristo por fe, no por "buenas obras" ni por esfuerzos religiosos.

> *Porque por gracia sois salvos por medio de la fe; y esto no de vosotros, pues es don de Dios; no por obras, para que nadie se gloríe (Efesios 2:8,9).*

Nos dice también que recibir a Cristo significa invitarlo personalmente a entrar a nuestra vida:

(Habla Jesucristo:) *He aquí, yo estoy a la puerta y llamo; si alguno oye mi voz y abre la puerta, entraré a él (Apocalipsis 3:20).*

Por tanto, recibir a Cristo significa volverse a Dios . . . y permitirle a Cristo entrar en nuestra vida para que perdone nuestros pecados y nos haga la clase de personas que Él quiere que seamos.

Si usted no está seguro de haber recibido a Cristo en su vida, lo animo a hacerlo ahora mismo. Le sugiero que haga la siguiente oración, la cual ha ayudado a millones de personas en todo el mundo a expresar su fe en Jesucristo y a invitarlo a entrar en su vida:

Señor Jesús, quiero conocerte personalmente. Gracias por morir en la cruz por mis pecados. Te abro la puerta de mi corazón y te recibo como mi Señor y Salvador. Gracias por perdonar mis pecados y por darme la vida eterna. Toma control del trono de mi vida. Hazme la clase de persona que tú quieres que sea.

Si esta oración expresa el deseo de su corazón, ¿por qué no hacerla ahora mismo? Si usted la cree sinceramente, Jesucristo entrará a su vida, tal como lo prometió en Apocalipsis 3:20. ¡El Señor cumple sus promesas! Y hay otra promesa clave que le sugiero escribir indeleblemente en su mente:

Y este es el testimonio: que Dios nos ha dado vida eterna; y esta vida está en su Hijo. El que tiene al Hijo, tiene la vida; el que no tiene al Hijo de Dios no tiene la vida. Estas cosas os he escrito a vosotros que creéis en el nombre del Hijo de Dios, para que sepáis que tenéis vida eterna, y para que creáis en el nombre del Hijo de Dios (1 Juan 5:11-13).

Es cierto. Todo hombre o mujer que recibe personalmente a Cristo como Señor y Salvador puede tener la seguridad

de la vida eterna con Él en el cielo. Por tanto, para resumirlo, cuando usted recibió a Cristo por fe, como un acto de su voluntad, ocurrieron muchas cosas maravillosas, entre ellas las siguientes:
1. Cristo entró en su vida (Apocalipsis 3:20 y Colosenses 1:27).
2. Sus pecados fueron perdonados (Colosenses 1:14).
3. Usted se convirtió en un hijo de Dios (Juan 1:12).
4. Usted recibió la vida eterna (Juan 5:24).
5. Usted comenzó la gran aventura para la cual Dios lo creó (Juan 10:10; 1 Tesalonicenses 5:18).

Notas

Deseo dar las gracias a los editores por haber permitido a sus escritores adaptar materiales de los siguientes libros para ser utilizados en la preparación de este libro.

The God of Stones and Spiders por Charles Colson (Wheaton, Illinois: Crossway Books, 1990).

Worship His Majesty por Jack Hayford (Irving, Texas: Word, Inc., 1987).

The Man in the Mirror y *I Surrender* por Pat Morley (Brentwood, Tennessee: Wolgemuth and Hyatt, Inc., 1989 y 1990).

Say, "Yes!": How to Renew Your Spiritual Passion por Luis Palau (Portland, Oregón: Multnomah Press, 1991).